Auf die Schnelle

Einfach einsteigen in Windows 7

Thomas Brochhagen
Ulrich Wimmeroth

DATA BECKER

Copyright © DATA BECKER GmbH & Co. KG
Merowingerstr. 30
40223 Düsseldorf

E-Mail buch@databecker.de

Reihenkonzeption Peter Meisner

Produktmanagement Peter Meisner

Umschlaggestaltung Inhouse-Agentur DATA BECKER

Layout Jana Scheve

Textbearbeitung und Gestaltung Thorsten Schlosser, Kreuztal (www.buchsetzer.de)

Produktionsleitung Claudia Lötschert

Druck fgb • freiburger graphische betriebe (www.fgb.de)

ISBN 978-3-8158-1751-3

Wichtiger Hinweis

Die in diesem Buch wiedergegebenen Verfahren und Programme werden ohne Rücksicht auf die Patentlage mitgeteilt. Sie sind für Amateur- und Lehrzwecke bestimmt.

Alle technischen Angaben und Programme in diesem Buch wurden vom Autor mit größter Sorgfalt erarbeitet bzw. zusammengestellt und unter Einschaltung wirksamer Kontrollmaßnahmen reproduziert. Trotzdem sind Fehler nicht ganz auszuschließen. DATA BECKER sieht sich deshalb gezwungen, darauf hinzuweisen, dass weder eine Garantie noch die juristische Verantwortung oder irgendeine Haftung für Folgen, die auf fehlerhafte Angaben zurückgehen, übernommen werden kann. Für die Mitteilung eventueller Fehler ist der Autor jederzeit dankbar.

Wir weisen darauf hin, dass die im Buch verwendeten Soft- und Hardwarebezeichnungen und Markennamen der jeweiligen Firmen im Allgemeinen warenzeichen-, marken- oder patentrechtlichem Schutz unterliegen.

Inhalt

1. Auf die Schnelle: PC & Notebook mit Windows 7 starten und einfach loslegen 7

Sofort loslegen: den PC aufbauen und starten 7

Der erste Start 10

Was hat Windows 7 Ihnen zu bieten? Ein kurzer Überblick der wichtigsten und sinnvollsten Möglichkeiten für Einsteiger 11

2. Die ersten Schritte mit Windows 7 einfach bewältigen 19

Nach dem Start: die Bedienoberfläche von Windows 7 kennenlernen 19

Taskleiste und Startmenü: auf wichtige Programme sofort zugreifen 25

Wetter, Uhrzeit und Nachrichten immer im Blick mit den Minianwendungen 36

Windows 7 ganz individuell: eine Diashow für den Desktophintergrund einrichten 37

Es ist ein Familien-PC? – So richten Sie schnell mehrere Benutzer ein 40

Auf die Schnelle: die besten Tipps & Tricks 43

3. Dateien und Ordner: Behalten Sie den Überblick über Ihre Daten 45

So behalten Sie immer den Überblick: den Windows 7-Explorer kennenlernen 45

Für mehr Durchblick: Ihre Dateien in Bibliotheken organisieren 46

Ordner für Ihre Dateien einfach erstellen und umbenennen 48

Dateien und Ordner bequem kopieren, löschen und verschieben 50

Gelöscht, aber nicht verloren: Dateien aus dem Papierkorb wiederherstellen 52

Freie Sicht: Die Wahl der Dateiansicht stellt jeden Ordnerinhalt optimal dar 53

Sofort anschauen: Dokumentinhalte direkt im Windows-Explorer betrachten 54

Die Windows 7-Suchfunktion: So werden Dateien und Ordner in Sekundenschnelle gefunden 56

Auf die Schnelle: die besten Tipps & Tricks 58

4. Die Internetverbindung schnell und sicher einrichten 59

Blitzschnell im Internet unterwegs: DSL-Verbindung einrichten 59

Drahtlose Verbindung – WLAN perfekt einrichten und nutzen 62

Schützen Sie Ihre Daten: einen Virenscanner aus dem Internet herunterladen und installieren 64

Wichtig: Mit Microsoft-Update schließen Sie alle Lücken im System 68

5. Komfortabel und sicher im Internet surfen 70

Den Internet Explorer starten 70

Die wichtigsten Funktionen des Web-Browsers Internet Explorer im Überblick 71

Speichern Sie Ihre Lieblingsseiten in den Favoriten ab 73

Mehrere Webseiten beim Surfen in perfekter Übersicht mit Registern 74

Onlinebanking ohne Sorgen mit dem SmartScreen-Filter 78

Schutz der Privatsphäre beim Surfen 81

6. Schnelle Kommunikation mit E-Mail nutzen 82

Windows Mail aus dem Internet herunterladen und installieren 82

Schnell bereit für Kommunikation: ein E-Mail-Postfach einrichten 84

Die erste E-Mail schreiben und empfangen 88

Spam-Mails nerven: Windows Mail zur Abwehr einrichten 92

Auf die Schnelle: die besten Tipps & Tricks 94

7. Musik abspielen und Videos anzeigen 96

Der Media Player im schnellen Überblick 96

Musik-CDs abspielen und in den Media Player übernehmen 98

Der Media Player als DVD-Abspieler 102

Wiedergabelisten: die perfekte Musikorganisation schnell erstellen und verwalten 103
Brennen Sie doch, was Sie wollen – die eigene Musik- und MP3-CD selbst erstellen 109
So synchronisieren Sie Ihren MP3-Player mit Ihrem PC 112

8. Fotos & Videos – toll präsentieren und kreativ gestalten 116

Da fehlt doch was! Movie Maker und weitere nützliche Programme laden und installieren 116
Mit der Fotogalerie von Windows 7 die Aufnahmen von Ihrer Digitalkamera importieren und organisieren 118
Von der Fotoschau zur Diashow – Effekte, Sound und Animationen für Ihre schönsten Bilder mit dem Movie Maker 128
Das Windows Media Center – so spielen Sie Musik und Videos perfekt ab 135

9. Sichern Sie Ihre Daten: So gehen Bilder und Texte nicht verloren 144

Wichtige Dateien und Ordner direkt auf DVD brennen 144
Die Backup-Funktion von Windows 7 richtig einsetzen 146
Daten verloren? – Daten einfach wiederherstellen! 148
Erstellung eines Systemabbildes 150

Stichwortverzeichnis 156

1. Auf die Schnelle: PC & Notebook mit Windows 7 starten und einfach loslegen

Ein neuer PC mit einem neuen Betriebssystem – endlich steht er vor Ihnen! Neugier und Ungeduld sind verständlicherweise groß. Das Beste: Sie müssen nicht Fachfrau oder -mann sein, um innerhalb kurzer Zeit Ihren PC richtig angeschlossen zu haben.

Auch Windows 7 bleibt mithilfe dieses Werks kein Buch mit sieben Siegeln mehr!

Sofort loslegen: den PC aufbauen und starten

Die einzelnen Komponenten eines modernen PC-Systems sind schnell aufgebaut. Zwar unterscheiden sich die Rechner äußerlich teilweise stark je nach Designvorlieben, die notwendige Verkabelung aber ist dank einheitlicher und genormter Steckerverbindungen kein Problem mehr.

Die Verbindungen von

- dem Computer (auch Zentraleinheit oder Rechner genannt),
- einem Bildschirm (auch als Monitor bezeichnet),
- der Tastatur und
- einer Maus als Eingabegeräte

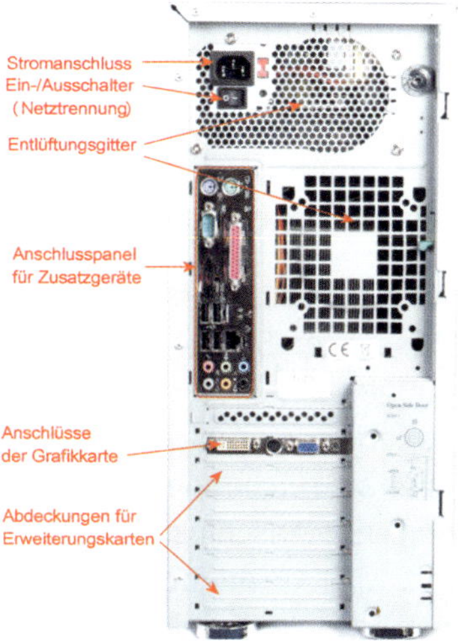

sind mit maximal fünf Kabeln sehr schnell erledigt. Bildschirm, Tastatur und Maus werden an den entsprechenden Anschlüssen auf der Rückseite des Computers angeschlossen. Dort finden Sie auch den Hauptschalter für den Stromanschluss. Die einfache Taste auf der Vorderseite trennt einen PC nicht vollständig vom Netz.

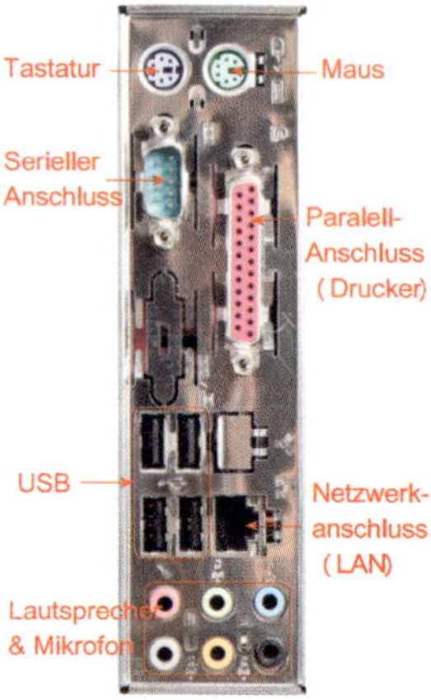

Auf dem Anschlusspanel für die zusätzlichen Geräte finden Sie meist auch noch zwei runde, sogenannte PS/2-Anschlüsse. Diese sind für Tastatur und Maus vorgesehen. Neue Geräte verfügen in aller Regel jedoch über einen USB-Anschluss. Auch der serielle und parallele Anschluss wird heute kaum noch verwendet. Von großer Bedeutung sind heute überwiegend die USB-Anschlüsse. Diese können mithilfe von Adaptern, den sogenannten USB-Hubs, einfach, schnell und preiswert erweitert werden.

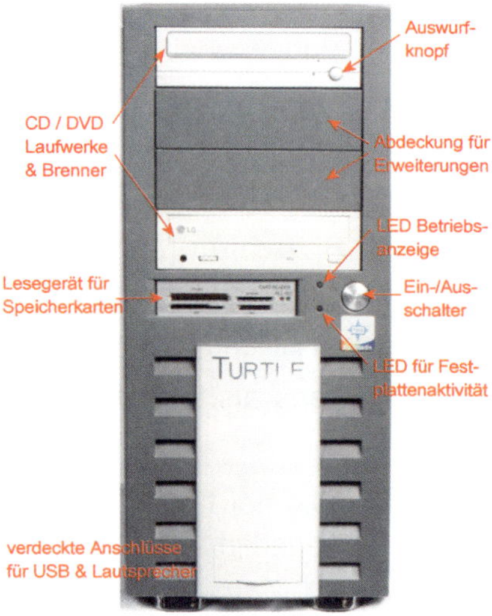

Nach einem kurzen Blick in die Aufbauanleitung Ihres Computers dürften keine Fragen mehr offenbleiben und der Aufbau in wenigen Minuten erledigt sein.

Auch auf der Frontseite des PCs finden Sie meist noch einige Anschlussmöglichkeiten. Für Komfort sorgt eine ausreichende Anzahl von USB-Anschlüssen. Damit wird vermieden, dass der schnelle Anschluss eines USB-Sticks zu einer sportlichen Übung unter dem Schreibtisch an der Rückseite des PCs mutiert. Flexibel bleiben Sie auch bei einem eigenen Anschlussfeld für diverse Speicherkarten. Selbstverständlich finden Sie auf der PC-Front auch das oder die optischen Laufwerke (CD und DVD) und natürlich auch den Ein-/Aus-Schalter.

Keine Gewalt anwenden!

Alle Kabel sollten sich leicht und immer in einer bestimmten Ausrichtung einstecken lassen. Ist dies einmal nicht der Fall, drehen Sie den Stecker einfach einmal. Bei zu großem Kraftaufwand können die empfindlichen Pins zu leicht verbogen werden.

Das sollten Sie beim Anschluss des Monitors beachten

Damit Sie die bestmögliche Darstellungsqualität an Ihrem Monitor genießen können, sollten Sie – sofern vorhanden – eine digitale Verbindung von PC und Monitor wählen. Prüfen Sie deshalb, ob ein sogenannter DVI-Anschluss an beiden Geräten vorhanden ist.

In sehr vielen Fällen wird leider nur ein Kabel für die Verwendung des VGA-Anschlusses beigelegt. In einem solchen Fall müssen Sie sich ein DVI-Kabel erst besorgen. Sie erhalten es bei jedem PC-Fachhändler und bei den großen Computer-Discountern.

Die Anschaffung lohnt sich immer. Die Bildqualität ist deutlich verbessert.

Der erste Start

Nachdem Sie alle Kabelverbindungen hergestellt und alle Komponenten an dem von Ihnen gewünschten Platz stehen, erst dann sollten Sie die Geräte erstmals einschalten. Dazu müssen Sie bei einem stationären PC zuerst einen kleinen Schalter auf der Rückseite, meist in direkter Nähe zum Netzanschlusskabel, einschalten. Anschließend können Sie den PC über die Schalttaste an der Frontseite einschalten. Natürlich dürfen Sie nicht vergessen, auch den Monitor einzuschalten.

Sicherer und bequemer Stromanschluss

Elektronische Geräte reagieren empfindlich auf Schwankungen der Netzspannung. Spannungsspitzen durch Blitzeinschläge (auch weit entfernt) können ernsthafte Schäden verursachen. Investieren Sie ein paar Euro in eine sogenannte Master-Slave Steckdosenleiste mit Überspannungsschutz. Schließen Sie den PC an die Master-Steckdose und alle übrigen Geräte an die Slave-Anschlüsse an. Schalten Sie einmal alle Geräte ein. Sobald Sie dann den PC herunterfahren, werden alle anderen Geräte automatisch abgeschaltet. Beim Einschalten des PCs wird auch die Stromzufuhr der übrigen Geräte wieder aktiviert.

Windows 7 ist auf Ihrem PC oder Notebook in aller Regel schon vorinstalliert. Beim allerersten Start müssen Sie meist nur die Einstellungen für Datum und Zeit durch einen Mausklick übernehmen. Sie können hier keine Fehler machen und sämtliche Eingaben auch später noch problemlos korrigieren.

Windows 7 präsentiert sich dann mit dem sogenannten Desktop und einem Willkommen-Fenster.

Was hat Windows 7 Ihnen zu bieten? Ein kurzer Überblick der wichtigsten und sinnvollsten Möglichkeiten für Einsteiger

Windows 7 basiert auf dem bei vielen eher unbeliebten Vorgänger Windows Vista. Windows 7 stellt dabei eine konsequente, in vielen Bereichen erheblich verbesserte Weiterentwicklung von Vista dar. Sicherheit, Schnelligkeit und weniger unnötiger Ballast sollten Windows 7 von seinem Vorgänger unterscheiden. Sehr viele Details wurden in der Bedienung einfacher gestaltet.

Dokumente einfach verwalten und immer schnell finden

Mit Windows 7 wird eine weitreichende Änderung in der Verwaltung von Dokumenten eingeführt. Neu sind die sogenannten Bibliotheken. Sie vereinfachen die Arbeit mit Dokumenten und Dateien enorm. Eine Bibliothek erlaubt es Ihnen, Dokumente und Dateien jeder Art zusammenzufassen ohne Rücksicht darauf, wo auf der Festplatte des Rechners die Daten gespeichert sind.

Wie Sie die Bibliotheken perfekt nutzen und Ihre Dokumente optimal organisieren, erfahren Sie ausführlich im Kapitel 3.

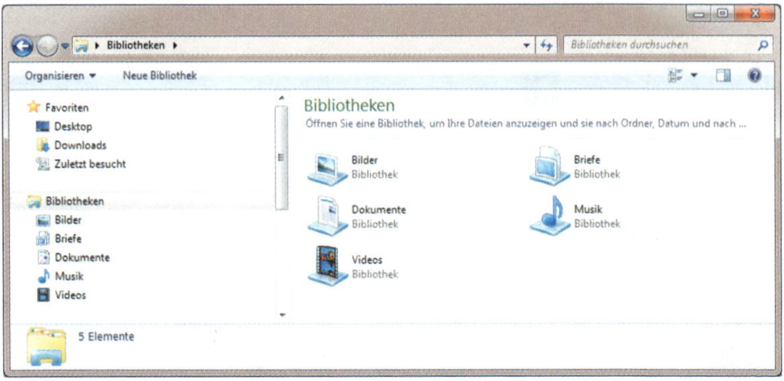

Auf Ihrem Computer alles suchen und schnell finden

Je länger Sie Ihren Computer benutzen, um so häufiger werden Sie vor der Frage stehen, wo denn der Brief mit der Schadensmeldung Ihres Autos an Ihre Versicherung wohl gespeichert ist.

Mit der extrem schnellen Suchfunktion von Windows 7 ist das selbst bei Tausenden von gespeicherten Dokumenten kein Problem mehr. Die Funktion steht Ihnen direkt im Startmenü, aber auch im Datei-Explorer zur Verfügung. Meist reicht beispielsweise die Eingabe weniger Wörter aus dem Inhalt eines Briefes für einen schnellen Erfolg schon aus.

Mit der gleichen Methode finden Sie natürlich auch jedes auf Ihrem Computer installierte Programm in Sekundenbruchteilen.

Mehr zu der Blitzsuche erfahren Sie im Kapitel 2.

Blitzschnell Ihre bevorzugten Programme starten

Natürlich ist es eine der besonderen Stärken eines modernen Betriebssystems, dass eine nahezu unüberschaubare Fülle der verschiedensten Software zur Verfügung steht. In der Praxis zeigt sich aber immer wieder, dass vielleicht fünf bis zehn verschiedene Programme regelmäßig von einem Anwender benutzt werden. Dazu gehören sicher ein Internetbrowser, das Mailprogramm, eine Textverarbeitung, der Media Player, um nur einige zu nennen. Gut, wenn Sie die am häufigsten benutzen Programm auch ohne große Suche im Startmenü schnell und unkompliziert von der Taskleiste aus starten können.

Erfahren Sie im Kapitel 2, wie Sie solche Programme auf der Taskleiste dauerhaft ablegen und sie dort mit einem Mausklick zu starten sind. Lernen Sie darüber hinaus noch, wie einfach und schnell der Zugriff auf oft benötigte Dokumente, Dateien oder auch Hyperlinks über die sogenannten Sprunglisten sein kann.

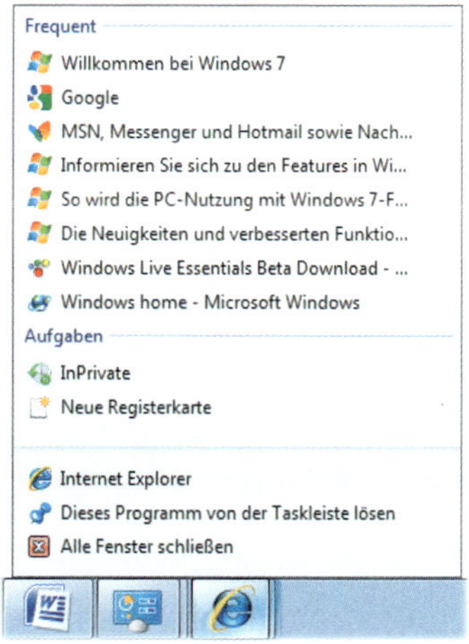

In der Abbildung sehen Sie als Beispiel die Sprungliste des Internet Explorer.

Viele kleine Helfer – Minianwendungen für Spaß und Arbeit

Die Minianwendungsgalerie ist ein weiteres Highlight von Windows 7. Minianwendungen, das sind wirklich kleine Programme, die nur eine eng begrenzte Funktion erfüllen. Minianwendungen können frei auf dem Desktop platziert werden. Standardmäßig bietet Windows 7 Ihnen eine kleine Auswahl von zehn dieser Anwendungen.

Ob Sie immer über das aktuelle Wetter in Köln, die Aktienkurse oder durch eine schicke Uhr über die Uhrzeit informiert werden wollen – mit den Minianwendungen kein Problem.

Und wenn Ihnen die mitgelieferten Minianwendungen nicht ausreichen, unter dem Link *Weitere Minianwendungen online beziehen* finden Sie eine große Auswahl der kleinen Programme.

Erfahrungsgemäß werden viele Anbieter eigene Minianwendungen nach dem Verkaufsstart von Windows 7 entwickeln und zur Verfügung stellen. In Kapitel 2 erfahren Sie alles Wissenswerte rund um die Miniprogramme.

Einfach schnell ins Internet

Mit Windows 7 ist die Einrichtung eines Zugangs zum Internet eine Angelegenheit von wenigen Mausklicks. Vorausgesetzt, Sie haben die notwendigen Voraussetzungen, wie in Kapitel 4 beschrieben, zur Verfügung. Auch als Einsteiger sind Sie in nur wenigen Minuten mit Windows 7 problemlos im Netz unterwegs.

Das Handwerkszeug für die perfekte Bedienung des Internet Explorer und wie Sie sicher im Netz unterwegs sein können, lernen Sie im Kapitel 5 ausführlich kennen.

Multimedia – Musik und Videos einfach abspielen

Für eine einfache und bequeme Verwaltung auch großer Musiksammlungen in der eigenen Medienbibliothek steht Ihnen der Windows Media Player zur Verfügung. Umfangreiche Funktionen zum Sortieren oder Zusammenstellen von eigenen Wiedergabelisten, zum Brennen eigener Audio-CDs oder der Synchronisation mit Ihrem MP3-Player erleichtern den Alltag.

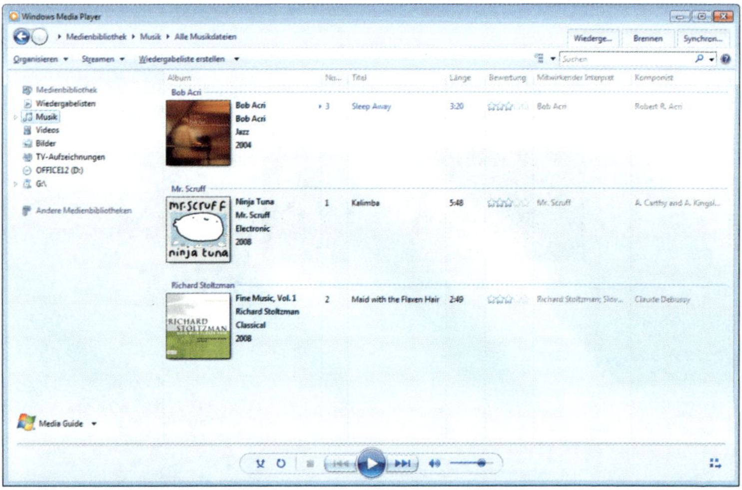

Natürlich ist auch die Wiedergabe einer Video-DVD kein Problem für den Media Player. Selbst der Empfang von Internetradio-Anbietern gelingt problemlos. Die große Zahl weltweit verfügbarer Anbieter hat Microsoft dankenswerterweise in 36

verschiedene Genres eingeteilt. Auch die gelungene Suchfunktion im Media Guide ermöglicht eine vernünftige Eingrenzung aus einer großen Zahl von Anbietern.

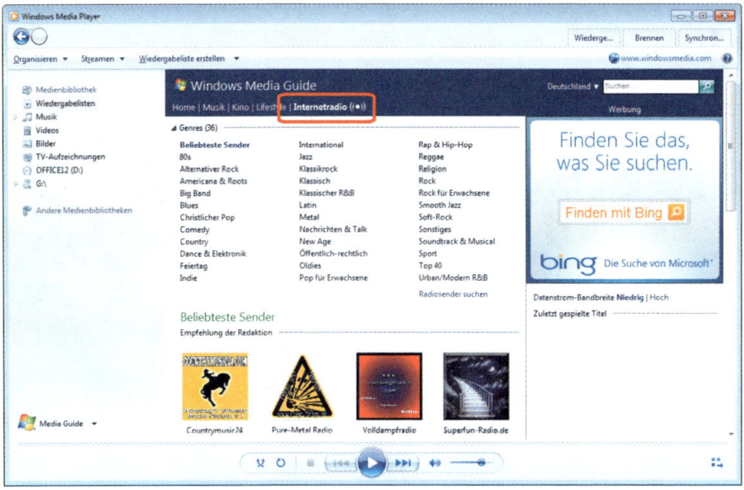

Die vielfältigen Möglichkeiten von Windows 7 im Bereich von Multimedia lernen Sie in den Kapiteln 7 und 8 kennen.

Ihr eigenes Windows-Design – schnell verwirklicht

Flexibilität wird auch in Fragen des Designs der Bedienoberfläche, dem Desktop, groß geschrieben. Noch nie war es so einfach, ein individuelles Windows mit eigenen Bildschirmhintergründen, Farbkombinationen, Mauszeigerformen und vielem mehr zusammenzustellen.

Wie es Ihnen gefällt – gestalten Sie Ihr Windows doch einfach selbst! Verwenden Sie eigene Fotos aus dem letzten Urlaub als Hintergrundbilder für Ihren PC-Desktop.

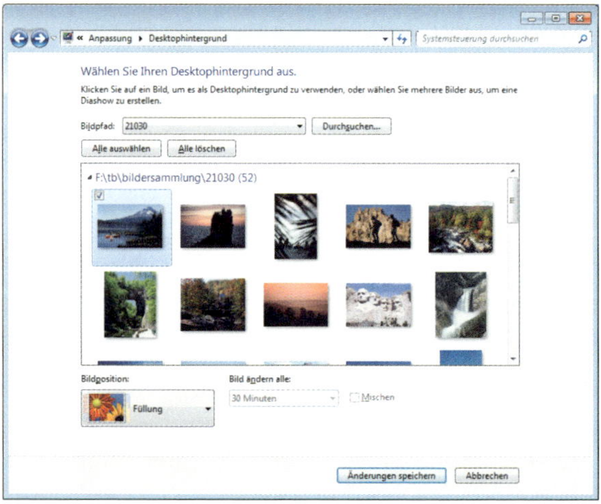

Im Kapitel 2 erfahren Sie, wie einfach dies funktioniert.

2. Die ersten Schritte mit Windows 7 einfach bewältigen

Als neuestes Mitglied der Familie der Windows-Betriebssysteme glänzt natürlich auch Windows 7 mit einer hochwertigen, grafischen Oberfläche. Das einfach und intuitiv mit der Maus bedienbare Windows 7 erleichtert ganz besonders dem Einsteiger die ersten „Gehversuche“. Spezielle Befehle oder Tastenkombinationen aus der Computer-Steinzeit müssen nicht mehr auswendig gelernt werden. Einfach einschalten und sofort loslegen heiβt jetzt die Devise.

Nach dem Start: die Bedienoberfläche von Windows 7 kennenlernen

Nachdem Sie Ihren Rechner gestartet haben, benötigt er ein paar Sekunden, um alle Komponenten auf ihre Funktionsfähigkeit zu überprüfen. Schon nach kurzer Zeit präsentiert sich Windows das erste Mal.

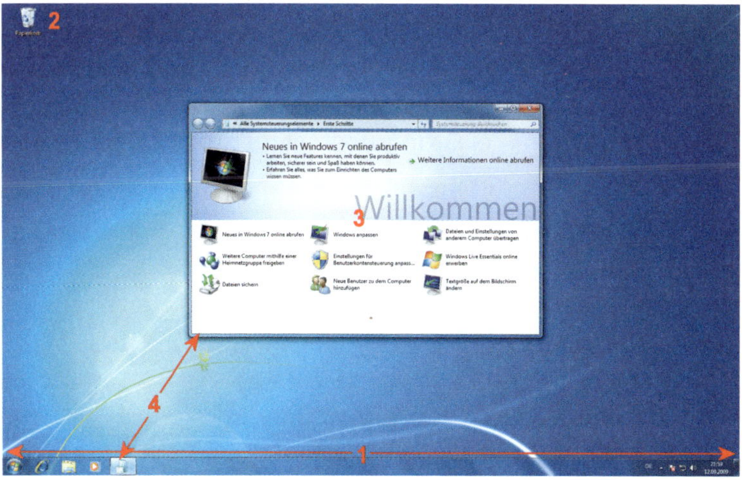

Die Gesamtheit des dargestellten Bildschirms wird Desktop genannt. Dieser englische Begriff steht für Schreibtisch. Am unteren Rand erkennen Sie einen farblich leicht hervorgehobenen Bereich, die Taskleiste (1). Lesen Sie zu diesem besonders wichtigen Bereich des Desktops mehr ab Seite 25. Das Symbol in der linken, oberen Ecke (2) wird Icon genannt. Alle Anwendungen oder Programme werden durch ein eigenes, grafisches Symbol dargestellt.

Sehr zentral sehen Sie ein geöffnetes Fenster (3) und das dazugehörende Symbol (4) auf der Taskleiste.

Das allererste Mal?

Möglicherweise wird der Start Ihres Rechners auch anders verlaufen. Meist müssen Sie bestimmte Angaben zum Datum, zurzeit und der Zeitzone noch einstellen. Alle Angaben sind selbsterklärend und einfach vorzunehmen. Es empfiehlt sich, die vorgeschlagenen Einstellungen einfach mit einem Klick auf die Schaltfläche *Weiter* zu übernehmen.

Alle Objekte, seien es sogenannte Icons oder Anwendungsfenster, können Sie auf dem Desktop völlig frei verschieben und nach Ihren Vorstellungen beliebig platzieren. Die Technik dazu wird mit „Drag & Drop“, übersetzt etwa mit „Ziehen und Fallenlassen“, bezeichnet.

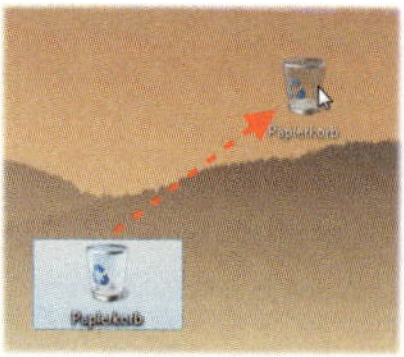

Ein Objekt verschieben Sie, indem Sie es mit der linken Maustaste anklicken und diese Taste gedrückt halten. Bewegen Sie jetzt die Maus, bewegen Sie gleichzeitig auch das Objekt auf dem Desktop. Haben Sie die gewünschte Position erreicht, lassen Sie die linke Maustaste einfach los (fallenlassen).

Den Doppelklick üben

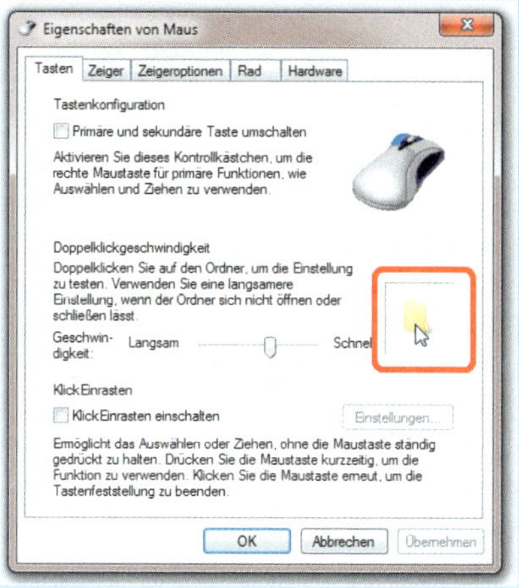

Bei einem Doppelklick darf zwischen beiden Mausklicks möglichst wenig Zeit vergehen und die Maus nicht bewegt werden. Falls Sie diese Technik nicht auf Anhieb beherrschen sollten, bietet Windows eine kleine Hilfe zum Üben an. Öffnen Sie das Startmenü und geben Sie *maus* in die Suchzeile ein. Klicken Sie anschließend im Suchergebnis auf *Mauseinstellungen ändern*. In dem folgenden Fenster finden Sie ein Feld mit einem Ordnersymbol. Führen Sie Ihre Doppelklickversuche auf diesem Symbol aus. War der Versuch erfolgreich, öffnet sich das Symbol. Testen Sie Ihr Können ein paar Mal, um sicher zu sein.

Mit Fenstern richtig arbeiten

Schon der Name des Betriebssystems deutet auf ein ganz besonders zentrales Element hin: Windows, im Deutschen Fenster.

Dabei handelt es sich um einen begrenzten und durch einen äußeren Rahmen definierten Teil des Bildschirms. In diesem Teil werden Programme sicht- und bedienbar gemacht, werden Daten oder vielfältige andere Inhalte angezeigt. Dabei sind Fenster nicht statisch, vielmehr sind sie enorm flexibel und können auf vielfältige Art manipuliert werden.

Aktive Fenster werden, mit Ausnahme von sogenannten Dialogfenstern, immer mit einer eigenen Schaltfläche in der Taskleiste angezeigt. Lernen Sie die wichtigsten Elemente zur Bedienung von Fenstern an Beispiel des Programms Word 2007 kennen.

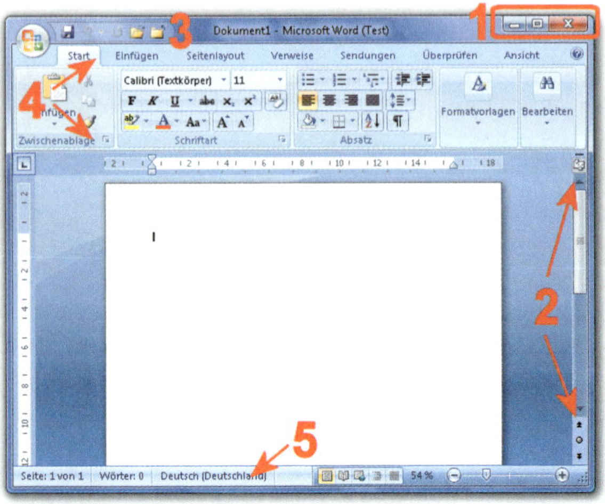

Von besonderer Bedeutung für die Steuerung von Anwendungsfenstern sind die drei Symbole in der rechten, oberen Ecke (1). Sie haben, von links nach rechts gesehen, folgende Funktionen:

- Fenster auf Symbolgröße verkleinern (nur sichtbar auf der Taskleiste)
- Fenster bildschirmfüllend auf maximale Größe bringen
- Fenster schließen und damit auch die laufende Anwendung beenden

Mit der Bildlaufleiste (2) können Sie Fensterinhalte, die größer sind als das Fenster, innerhalb dieses Fensters verschieben. Dazu führen Sie den Mauszeiger auf den hellen Bereich der Bildlaufleiste, drücken und halten die linke Maustaste und bewegen die Maus nach oben oder unten. Der Fensterinhalt wird sich analog zu den Mausbewegungen verschieben.

In der Titelzeile (3) eines Fensters erhalten Sie nähere Informationen über das Programm und beispielsweise den Namen des geöffneten Dokuments.

Die sogenannten Menüs eines Programms mit den verfügbaren Funktionen und Befehlen finden Sie meistens an der Position 4. Ergänzende Informationen zu einem geöffneten Fenster und seinen Inhalten liefert Ihnen die Statuszeile (5).

Vermutlich haben Sie bei Ihren bisherigen Gehversuchen mit Windows 7 schon festgestellt, dass ganz unterschiedliche Elemente auf dem Bildschirm „aufglühen", wenn Sie mit dem Mauszeiger darüber fahren. Mit diesem Glüheffekt wird Ihnen signalisiert, dass der Mauszeiger sich über einer Schaltfläche befindet. Diesen Glüheffekt bemerken Sie auch bei den Steuerelementen für ein Fenster.

Die Abbildung oben zeigte ein **nicht** bildschirmfüllendes Fenster. Sobald Sie es durch einen Klick auf das mittlere Symbol auf seine maximale Größe gebracht haben, verändern sich Aussehen und Funktion der mittleren Schaltfläche. Ein Klick auf diese führt nun zu einer Verkleinerung des Fensters auf die ursprüngliche Fenstergröße.

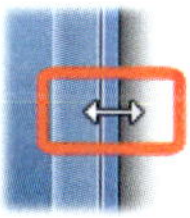

Ein nicht maximiertes Fenster können Sie individuell in der Größe anpassen. Diese Größenänderungen nehmen Sie mithilfe der Maus vor. Sie ist bei allen Seiten eines Fensters möglich. Sobald Sie den Mauszeiger genau auf der Fensterbegrenzung platzieren, wird dieser zu einem waagerechten oder senkrechten Doppelpfeil. Mithilfe von Drag & Drop können Sie nun die Fenstergröße verändern. Wollen Sie ein verkleinertes Fenster auf dem Bildschirm verschieben, verwenden Sie auch hier Drag & Drop. Als „Anfasspunkt" müssen Sie dann jedoch die Titelzeile eines Fensters verwenden.

Fenster schnell maximieren

Ein Doppelklick an beliebiger Stelle der Titelzeile eines Fensters bringt dieses auf volle Bildschirmgröße.

Sonderfall: Dialogfenster

In sogenannten Dialogfenstern erwartet Windows in vielen Fällen Entscheidungen oder Eingaben. Diese Fenster können nicht vergrößert oder verkleinert werden. Lediglich die Schaltfläche *Schließen* ist vorhanden und gleichbedeutend mit einem Abbruch der Aktion oder Frage.

In dem Beispiel fragt Word 2007, ob Sie Änderungen an einem Dokument speichern oder verwerfen wollen.

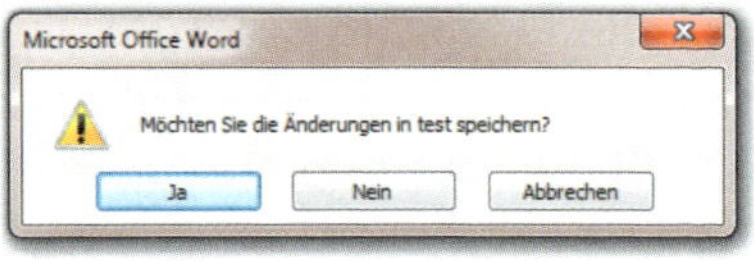

Auch komplexere Aufgaben wie das Speichern eines Dokuments mit Angabe eines Namens und Festlegung eines Speicherortes nehmen Sie mithilfe von Dialogfenstern vor.

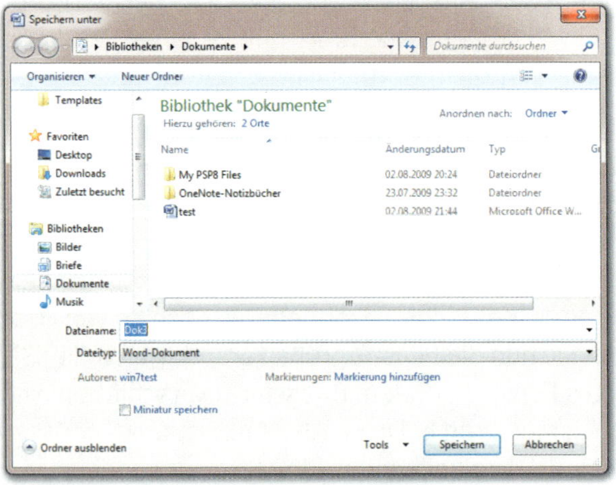

Viele Fenster gleichzeitig minimieren

Sie haben viele Fenster in unterschiedlichen Größen geöffnet und möchten diese jetzt bis auf eines schnell auf Symbolgröße verkleinern? Ein langwieriges Unterfangen, dies für jedes Fenster einzeln zu erledigen. Klicken Sie stattdessen in die Titelzeile des Fensters, das geöffnet bleiben soll. Halten Sie die Maustaste gedrückt und bewegen Sie die Maus schnell ein paar Mal hin und her. „Schütteln“ Sie das Fenster erneut, um alle Fenster wieder zu öffnen.

Taskleiste und Startmenü: auf wichtige Programme sofort zugreifen

Die zentralen Bedienelemente von Windows 7 finden Sie in der sogenannten Taskleiste und dem Startmenü von Windows. Gegenüber den Vorgängerversionen wurden beide deutlich verbessert. Insbesondere die Taskleiste hat an Übersichtlichkeit erheblich gewonnen.

Das Startmenü – die Schaltzentrale für Windows 7 kennenlernen

Alle installierten Programme und verfügbaren Funktionen erreichen Sie über das sogenannte Startmenü. Geöffnet wird es durch einen Mausklick auf die runde Schaltfläche mit dem Windows-Symbol in der linken, unteren Ecke des Desktops.

Das Startmenü besteht aus fünf thematischen Bereichen. Diese sind allerdings erst auf den zweiten Blick erkennbar. Programme oder Funktionen innerhalb des Startmenüs werden durch einen einzigen Mausklick ausgelöst.

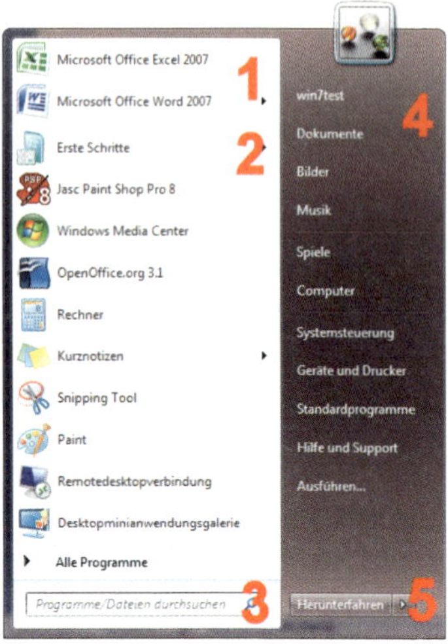

1 Dieser durch einen dünnen, schwachen Strich abgetrennte Bereich nimmt dauerhaft Programme auf. Der entsprechende Befehl *An Startmenü anheften* findet sich in den Kontextmenüs von beliebigen Anwendungen.

2 Die Symbole von gestarteten Programmen werden hier aufgeführt. Häufiger verwendete Programme werden weiter oben in der Liste platziert. Seltener benutzte Anwendungen werden durch häufiger frequentierte ersetzt.

3 Extrem schnell arbeitet die Suchfunktion. Meist reicht die Eingabe weniger Buchstaben eines Wortes, um eine Suche erfolgreich zu beenden. Auf die Suchergebnisse haben Sie sofortigen Zugriff mit einem Mausklick.

4 Der obere Abschnitt bietet Ihnen einen schnellen Zugriff auf Ihre persönlichen Bibliotheken (lesen Sie dazu mehr in Kapitel 3). Im mittleren Bereich erhalten Sie schnelle Informationen zu dem Festplattenspeicher Ihres PCs und den verfügbaren Spielen. Der wichtige untere Abschnitt erlaubt Ihnen durch die Systemsteuerung einen vollen Zugriff auf fast alle Bereiche des Windows-Systems. Dazu gehört auch die Installation neuer Geräte.

5 Hier finden Sie die verschiedenen Optionen zum Herunterfahren des Rechners.

Alle installierten Programme anzeigen

Die normale Ansicht des Startmenüs zeigt lediglich die zuletzt verwendeten Programme an und erlaubt deren Start. Mit einem Klick auf den Befehl *Alle Programme* wechselt die Ansicht des Startmenüs. In einer alphabetisch geordneten Liste sehen Sie alle verfügbaren Programme und Windowsfunktionen.

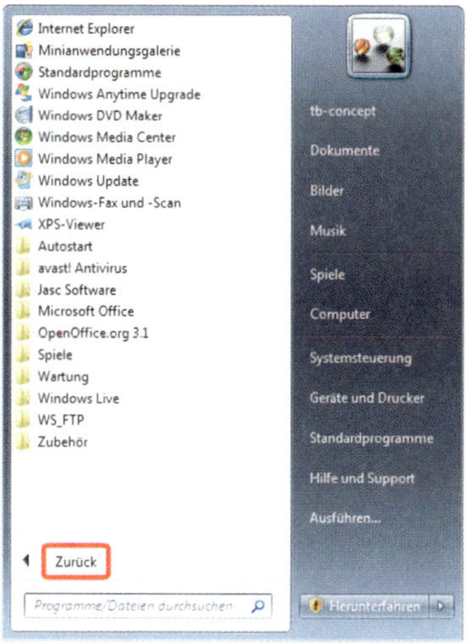

Bei den gelben Symbolen im unteren Bereich handelt es sich um die Darstellung von sogenannten Ordnern. Diese enthalten weitere Elemente, wie zum Beispiel Programme, Links zu Internetseiten, Hilfen oder auch ein Programm zur Deinstallation. Einen Ordner öffnen und schließen Sie durch einen einfachen, linken Mausklick.

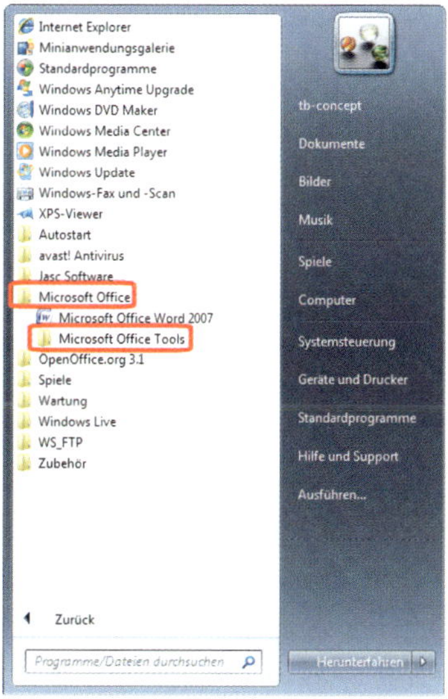

In dem Beispiel wurde der Ordner mit den Microsoft Office-Programmen geöffnet. Dieser enthält beispielsweise einen Unterordner mit Zubehörprogrammen und Funktionen.

Gestartet werden die Programme auch hier mit einem einzelnen Mausklick.

Die Taskleiste kennen und beherrschen

Der englische Begriff „task“ kann mit dem Wort „Aufgabe“ übersetzt werden. Unter Aufgaben werden Programme, Anwendungen und Funktionen verstanden. Mithilfe der Taskleiste können Sie ...

- blitzschnell Programme starten,
- zwischen aktiven Programmen hin- und herschalten und
- erkennen, welche Dokumente Sie gerade geöffnet in Bearbeitung haben.

Auf einen Blick erkennen Sie vier unterscheidbare Bereiche der Taskleiste.

1 die Schaltfläche *Start* zum Aufrufen des Startmenüs

2 der *Ablagebereich* für Anwendungen

3 der *Infobereich*

4 die Schaltfläche *Desktop anzeigen*

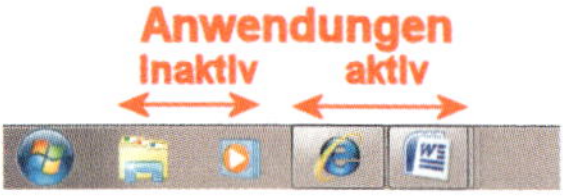

Die Schaltfläche *Start* haben Sie schon ab Seite 25 kennengelernt. Rechts daneben beginnt der Bereich der Taskleiste, in dem die Symbole aller aktiven Anwendungen erscheinen. Lesen Sie ab Seite 34, wie Sie Programmsymbole dort dauerhaft ablegen. Auf einen Blick können Sie erkennen, welche Anwendungen aktiv und welche inaktiv sind. Auch die Frage, ob in der Textverarbeitung mehrere Dokumente gleichzeitig geöffnet sind, ist leicht an der „gestapelten“ Darstellung (in dem Beispiel das Programm Word) festzustellen.

Symbole auf der Taskleiste beliebig anordnen

Windows 7 erlaubt eine völlig freie Anordnung der Programmsymbole auf der Taskleiste. Wenn Sie mit der vorgegebenen Reihenfolge nicht zufrieden sind, verwenden Sie die Drag & Drop-Technik, um auch hier eine beliebige Aufteilung vorzunehmen.

Im *Infobereich* finden Sie neben der Zeit- und Datumsanzeige weitere Informationen über wichtige Prozesse. Regeln Sie die Lautstärke der angeschlossenen Lautsprecher oder erfahren Sie mehr über den Status der Internetverbindung. Mit dem kleinen Pfeil öffnen Sie ein Fenster mit zusätzlichen Informationen wie dem installierten Virenscanner oder anderen Programmen.

Die letzte, nur schwer erkennbare Schaltfläche am rechten Ende der Taskleiste reagiert schon bei dem Berühren mit dem Mauszeiger. Bewegen Sie den Mauszeiger nur auf dieses Symbol, und alle geöffneten Fenster werden gläsern transparent. Sie können so sehr einfach Ihre laufenden Minianwendungen überprüfen.

Ein Mausklick auf diese Schaltfläche minimiert alle geöffneten Fenster gleichzeitig. Wollen Sie die Fenster wiederherstellen, genügt ein erneuter Klick.

Mit Vorschaufenstern und Sprunglisten den Überblick behalten

Zwei wichtige Funktionen von Programmsymbolen der Taskleiste erleichtern den Umgang mit Programmen und geöffneten Dokumenten enorm. Besonders dann, wenn Sie mit mehreren Programmen parallel arbeiten, ist es sehr hilfreich, wenn Sie blitzschnell erkennen können, welche Dokumente oder Internetseiten denn geöffnet sind. Mithilfe der Vorschaufenster gelingt dann auch das Öffnen des richtigen Fensters jederzeit.

Ein Vorschaufenster öffnet sich, sobald Sie mit dem Mauszeiger ein Programmsymbol auf der Taskleiste „berühren“. Das Beispiel zeigt Vorschaubilder des Internet Explorer mit drei geöffneten Registern: www.google.de, www.tagesschau.de und www.youtube.de.

Anhand der verkleinerten Seitendarstellung erhalten Sie einen verlässlichen Eindruck von deren Inhalten. Sobald Sie nun mit dem Mauszeiger auf eine der Vorschauseiten fahren, wird das Programmfenster auf dem Desktop in der originalen Größe eingeblendet. Das Fenster kann dann durch einen einzigen Mausklick auf die Vorschau geöffnet werden. Sobald Sie ein Vorschaubild mit dem Mauszeiger berühren, können Sie es auch durch einen Klick auf die Schaltfläche gezielt schließen.

Ein rechter Mausklick auf das Symbol eines Programms in der Taskleiste eröffnet Ihnen mit einer sogenannten Sprungliste zusätzliche Möglichkeiten für den blitzschnellen Zugriff auf die zuletzt verwendeten Dateien oder Dokumente. Für das Programm Word beispielsweise genügt ein Klick mit der linken Maustaste auf einen der zuletzt geschriebenen Briefe, um ihn wieder zu öffnen.

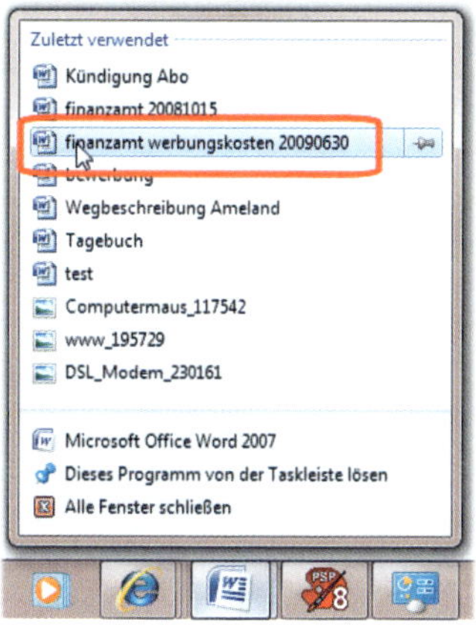

Komplettiert werden die Sprunglisten mit der Möglichkeit, auch Dateien, die Sie gerne häufig verwenden wollen, an das Sprungmenü dauerhaft anzuheften. Diese erscheinen in dem ersten Abschnitt einer Sprungliste. In dem Beispiel soll Ihre Tagebuchdatei über die Sprungliste mit einem schnellen Mausklick jederzeit zu öffnen sein.

1 Öffnen Sie die Datei mit einem Doppelklick auf den Dateinamen im Windows-Explorer.

2 Klicken Sie mit der rechten Maustaste auf das Wordsymbol in der Taskleiste.

3 Klicken Sie mit der rechten Maustaste auf den Dateinamen Ihres Tagebuches und anschließend mit der linken Maustaste auf den Befehl *An diese Liste anheften* des Kontextmenüs.

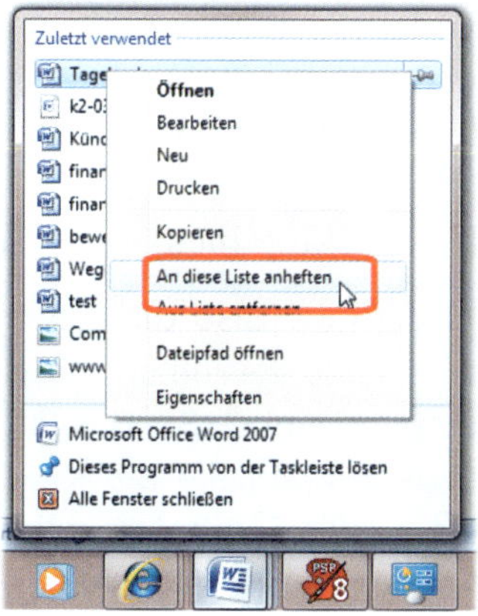

4 Das ausgewählte Dokument erscheint sofort in einem neuen Abschnitt mit der Bezeichnung *Angeheftet* an oberster Stelle der Sprungliste. Von dort können Sie Ihr Tagebuch jederzeit und schnell starten.

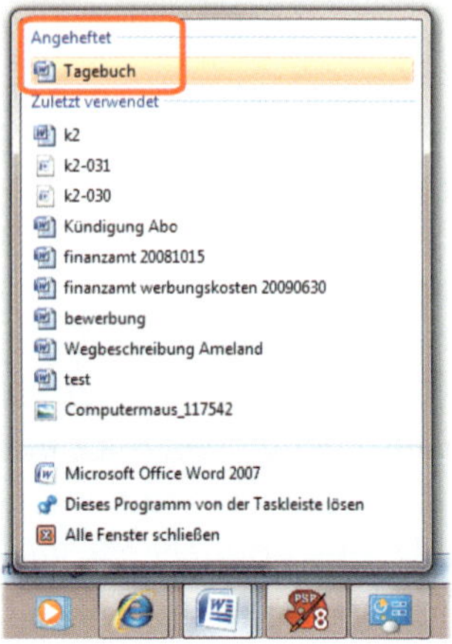

Programme für den schnellen Start einrichten

Im Laufe der Zeit werden Sie feststellen, welche Programme von Ihnen sehr häufig verwendet werden. Dazu werden vermutlich ein Internetbrowser, ein Programm zur Textverarbeitung, ein Mailprogramm und anderes mehr gehören. Grundsätzlich bietet Windows Ihnen drei Möglichkeiten, die schnelle Erreichbarkeit von Programmsymbolen zu organisieren. Für welche Sie sich letztlich entscheiden, hängt viel von persönlichen Vorlieben ab.

Auf den Desktop legen

Hierzu verwenden Sie die Drag & Drop-Technik (siehe Seite 20). Der Desktop muss dabei sichtbar sein.

Klicken Sie also das gewünschte Programmsymbol im Startmenü mit der linken Maustaste an, halten Sie die Maustaste fest und ziehen Sie das Icon an eine beliebige Stelle des Desktops. Sobald Sie die Maustaste loslassen, verbleibt ein verkleinertes Symbol an der betreffenden Stelle. Das Programm kann von dort mit einem Doppelklick gestartet werden.

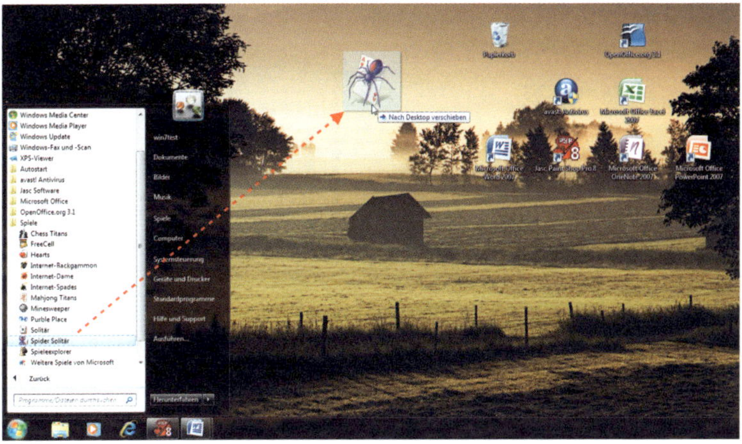

Den Desktop individuell organisieren

Sie haben die große Freiheit! Sie können den Desktop mit vielen, vielen Icons „zupflastern" – oder nur die wirklich wichtigen Symbole so anordnen, dass von dem interessanten Hintergrundbild auch noch etwas zu sehen übrig bleibt. Bewährt hat sich beispielsweise eine Anordnung an den Rändern oder in den Ecken des Desktops.

Im Startmenü dauerhaft verankern

Im oberen Bereich des Startmenüs können Sie Symbole für den Start von Programmen dauerhaft verankern. Bedenken Sie allerdings, dass der Platz hier begrenzt ist. Sie sollten ausschließlich wichtige und häufig verwendete Programme hier ablegen.

1 Öffnen Sie im Startmenü unter *Alle Programme* den Ordner *Spiele*.

2 Klicken Sie beispielsweise das Symbol für das Spiel *Solitär* mit der rechten Maustaste an.

3 Klicken Sie in dem Kontextmenü auf den Befehl *An Startmenü anheften*.

An die Taskleiste anheften

Den tatsächlich schnellsten Zugriff auf installierte Programme erhalten Sie über die Programmsymbole auf der Taskleiste. Mit nur einem Mausklick starten Sie die immer im Blick liegenden Anwendungen. Die Ablage ist blitzschnell erledigt.

1 Klicken Sie das gewünschte Programmsymbol im Startmenü mit der rechten Maustaste an.

2 Wählen Sie in dem Kontextmenü den Befehl *An Taskleiste anheften*.

So verschieben Sie die komplette Taskleiste

Als Voreinstellung ist die Taskleiste am unteren Bildschirmrand platziert. Sie können Sie aber auch problemlos an den übrigen Rändern „befestigen“. Klicken Sie dazu die Taskleiste in einem freien Bereich mit der linken Maustaste an. Halten Sie die Taste fest und ziehen Sie die Maus bis zu dem gewünschten Bildschirmrand. Lassen Sie die Maus dort los, erscheint die Taskleiste an der gewählten Bildschirmseite. In dem Beispiel am oberen Rand.

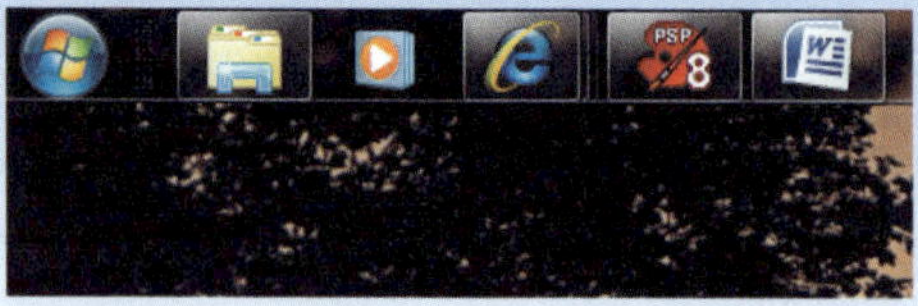

Platz schaffen auf der Taskleiste

In der voreingestellten Standardgröße reicht die Taskleiste für etwa 22 Programmsymbole. Fügen Sie weitere Elemente hinzu, wird zuerst der Abstand der einzelnen Icons verkleinert. Noch mehr Platz schaffen Sie, indem Sie die Symbolgröße selbst verändern. Klicken Sie dazu mit der rechten Maustaste auf einen freien Bereich der Taskleiste und wählen Sie in dem Kontextmenü den Befehl *Eigenschaften*. Klicken Sie in dem folgenden Dialogfenster im Register *Taskleiste* in das Kästchen der Option *Kleine Symbole verwenden* und anschließend auf *OK*. Die Symbole sind jetzt deutlich verkleinert.

... und wieder entfernen

Ein Programmsymbol von einer ausgewählten Stelle wieder zu entfernen ist eine Angelegenheit von zwei Mausklicks. Der erste Klick ist ein rechter Mausklick auf das gewünschte Icon. Der jeweilige Befehl des zweiten Klicks im Kontextmenü zum Entfernen ist abhängig von dem Ort, an dem sich das Symbol befindet:

Ort	Befehl im Kontextmenü
Desktop	*Löschen* und *OK* im folgenden Bestätigungsfenster
Startmenü	*Vom Startmenü lösen*
Taskleiste	*Dieses Programm von der Taskleiste lösen*

Beachten Sie, dass Sie mit keiner der genannten Aktionen ein Programm tatsächlich löschen. Entfernt wird lediglich das Symbol von seinem Platz.

Wetter, Uhrzeit und Nachrichten immer im Blick mit den Minianwendungen

Die schnelle Information über das aktuelle Wetter in Köln, eine schicke Uhr, ein kleines Spielchen für zwischendurch – sogenannte Minianwendungen sorgen für Abwechslung. Diese kleinen Programme werden auch Widgets (gesprochen *widschäts*) genannt, ein Kunstwort aus den Wörtern **Wi**ndows und Ga**dgets**. Das letzte Wort steht im Englischen für „kleine, technische Spielerei".

1 Klicken Sie im Startmenü auf *Alle Programme* und wählen Sie im erweiterten Menü den Eintrag *Minianwendungsgalerie*.

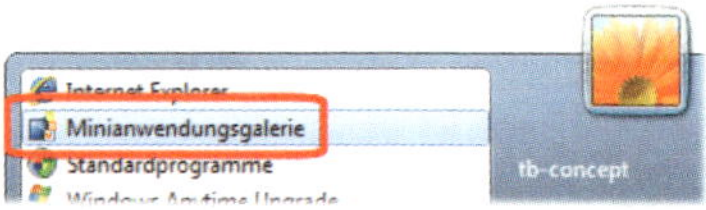

2 Im folgenden Fenster sehen Sie verschiedene Symbole für verfügbare Minianwendungen. Ein Widget fügen Sie durch einen Doppelklick auf das Symbol Ihrem Desktop hinzu. Widgets werden beginnend am rechten, oberen Bildrand angezeigt.

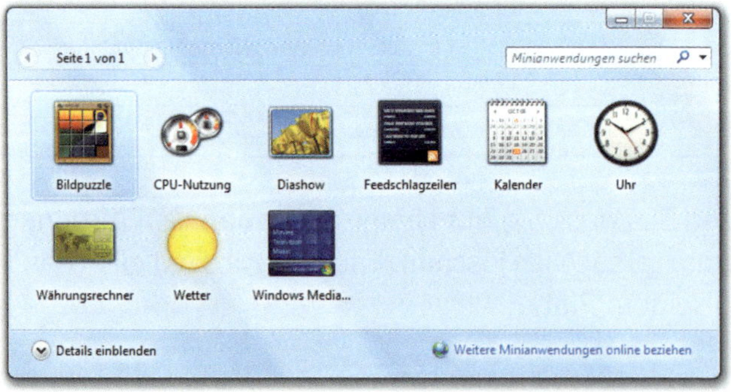

3 Jede Minianwendung können Sie mithilfe von Drag & Drop beliebig auf dem Desktop platzieren.

Internetverbindung gefragt

Einige Minianwendungen, wie beispielsweise die aktuelle Wetteranzeige, benötigen unbedingt eine aktive Internetverbindung für die korrekte Funktion.

Die Optionen zum Einstellen oder Anpassen eines Miniprogramms sind abhängig von dessen Funktionen und in aller Regel selbsterklärend. Fehlerhafte Einstellungen sind nicht möglich. Dazu fahren Sie mit dem Mauszeiger über ein Widget auf dem Desktop. Rechts neben dem Widget wird eine kleine Symbolleiste erscheinen. Die Einstellungsoptionen erreichen Sie über das Werkzeugsymbol. Zum Schließen klicken Sie auf das X. Eine weitere Schaltfläche kann die Anzeige erweitern, die gepunktete Fläche dient zum freien Bewegen des Symbols auf dem Desktop.

Die Anzeige von Minianwendungen zeitweise unterdrücken

Falls Sie die aktiven Minianwendungen einmal vorübergehend ausblenden wollen, klicken Sie mit der rechten Maustaste auf einen freien Bereich des Desktops und wählen in dem Kontextfenster den Befehl *Ansicht*. In der Erweiterung des Menüs klicken Sie dann auf die aktivierte Eintragung *Show desktop gadgets*. Zum erneuten Aktivieren der Anzeige wiederholen Sie den Vorgang.

Windows 7 ganz individuell: eine Diashow für den Desktophintergrund einrichten

Machen Sie Ihr Windows einzigartig und unverwechselbar. Gönnen Sie sich einfach eine ganz persönliche Note für Ihren Desktop. Windows 7 unterstützt Sie dabei mit einer verblüffend einfach einzurichtenden Diashow für die Hintergrundbilder des Desktops.

Sie können dabei auf die recht anspruchsvollen Fotografien von Windows zurückgreifen. Viel mehr Spaß macht es aber, eigene Bilder zu verwenden. Dazu müssen Sie allerdings in einem ersten Schritt Bilder von Ihrer digitalen Kamera importieren. Lesen Sie also zuerst im Kapitel 8 ab Seite 116, wie Sie diesen Import schnell und einfach erledigen.

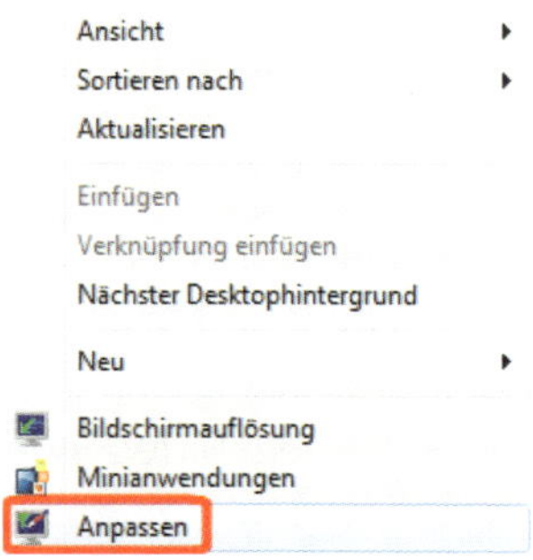

1 Nachdem Sie nun eigene Bilder zur Verfügung haben, klicken Sie mit der rechten Maustaste auf einen freien Bereich des Desktops und anschließend in dem Kontextmenü auf den Befehl *Anpassen*.

2 Klicken Sie am unteren Rand des neuen Fensters auf *Desktophintergrund* und im folgenden Fenster auf die Schaltfläche *Durchsuchen*.

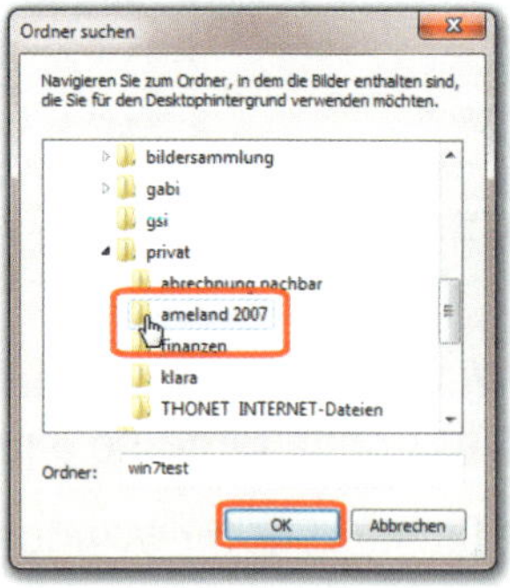

3 Öffnen Sie in der Bibliothek *Bilder* den Ordner mit den gewünschten Bildern durch einen Klick auf das Ordnersymbol und die Schaltfläche *OK*.

4 Alle Bilder des Ordners sind jetzt markiert und mit einem Häkchen versehen. Deaktivieren Sie nicht gewünschte Bilder durch einen Klick auf ein Häkchen.

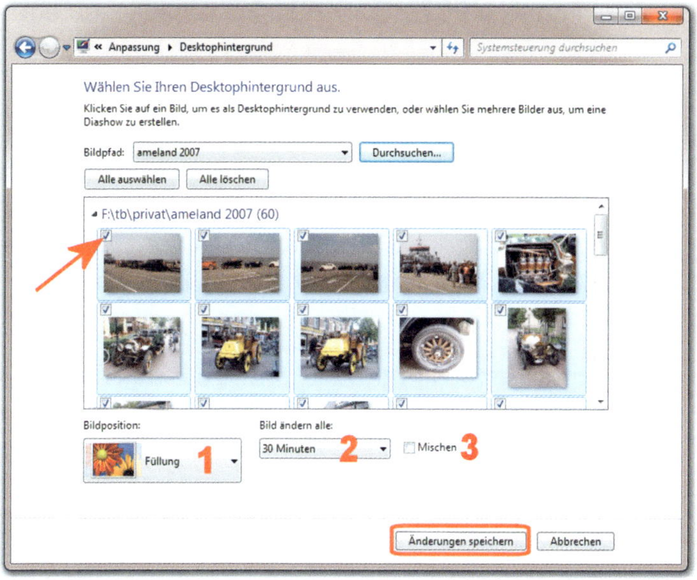

5 Klicken Sie unter *Bildposition* (1) auf die Auswahl *Füllung* und wählen Sie aus der Liste *Bild ändern alle* (2) die gewünschte Zeitspanne der Anzeige. Für eine zufällige Wiedergabe der Bilder aktivieren Sie die Box (3) neben *Mischen*.

6 Nach einem Klick auf *Änderungen speichern* ist Ihre ganz persönliche Diashow für den Desktop fertiggestellt.

Alles markieren – mit einem Tastendruck

Wenn Sie aus einer Auswahlliste, wie beispielsweise einer Dateiliste, alle Elemente markieren wollen, dann markieren Sie zuerst ein beliebiges Element der Liste. Drücken Sie auf der Tastatur anschließend die Taste [Strg]. Halten Sie diese gedrückt und drücken Sie nun die Taste [A]. Jetzt, da alle Elemente markiert sind, lassen Sie die Tasten los und klicken auf die gewünschte Aktion.

Es ist ein Familien-PC? – So richten Sie schnell mehrere Benutzer ein

Windows 7 ist ein sogenanntes Mehr-Benutzer-Betriebssystem. Das heißt, Sie können das System so anpassen, dass mehrere voneinander getrennte Bereiche eingerichtet werden. In diesen können beispielsweise Ihre Familienmitglieder ihre persönlichen Daten vor dem Zugriff aller anderen gesichert abspeichern. Die installierten Programme können dagegen gemeinsam genutzt werden.

Für das Einrichten weiterer Benutzer ist der sogenannte Computeradministrator zuständig. Aus Sicherheitsgründen sollten Sie nur einem Benutzer diese umfangreichen Rechte zugestehen. Alle anderen Benutzer sollten nur eingeschränkte Rechte erhalten.

So einfach ist das Anlegen eines neuen Benutzers

Für dieses Vorhaben müssen Sie als Computeradministrator angemeldet sein. Haben Sie den PC bisher alleine und nur mit einem Benutzer verwendet, wird dies automatisch der Fall sein.

1 Klicken Sie im Startmenü auf *Systemsteuerung*.

2 Im Abschnitt *Benutzerkonten und Jugendschutz* klicken Sie auf *Benutzerkonten hinzufügen/entfernen*.

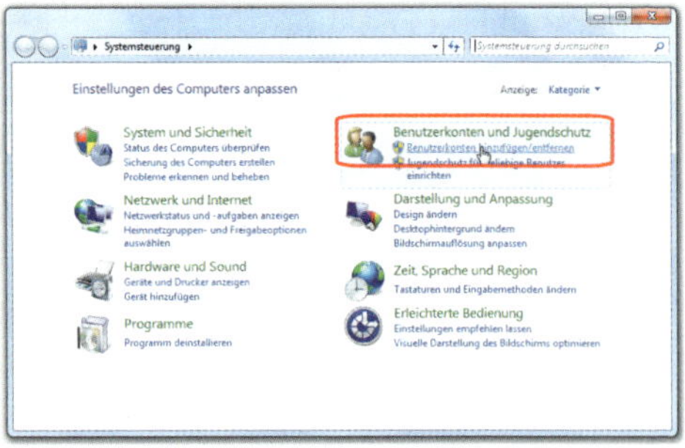

3 Im folgenden Fenster sehen Sie das bisher vorhandene Administratorkonto und ein nicht aktives Gastkonto. Klicken Sie auf *Neues Konto erstellen*.

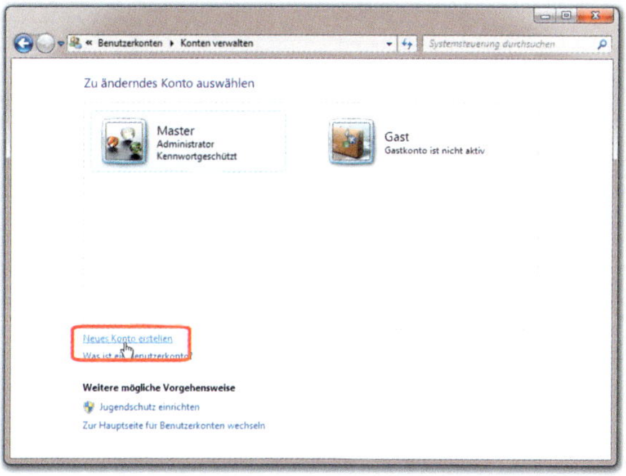

4 Geben Sie im folgenden Fenster einen Namen für das Konto ein. Behalten Sie die Aktivierung des Kontotyps *Standardbenutzer* bei und klicken Sie auf die Schaltfläche *Konto erstellen*.

... und die Sicherung mit einem eigenen Passwort

Das soeben erstellte Konto erscheint bei jedem Start von Windows 7 als Auswahl für einen Benutzer. Es empfiehlt sich unbedingt, jedes Benutzerkonto mit einem eigenen Passwort zu sichern. Zu schnell gibt es sonst Streit unter den verschiedenen Benutzern über versehentlich gelöschte Dateien, veränderte Bilder oder die Unordnung in der Musiksammlung.

1 Rufen Sie, wie vorher beschrieben, die Systemsteuerung und anschließend die Benutzerkonten auf.

2 Klicken Sie das gewünschte Konto an und auf der nächsten Seite klicken Sie auf *Kennwort erstellen*.

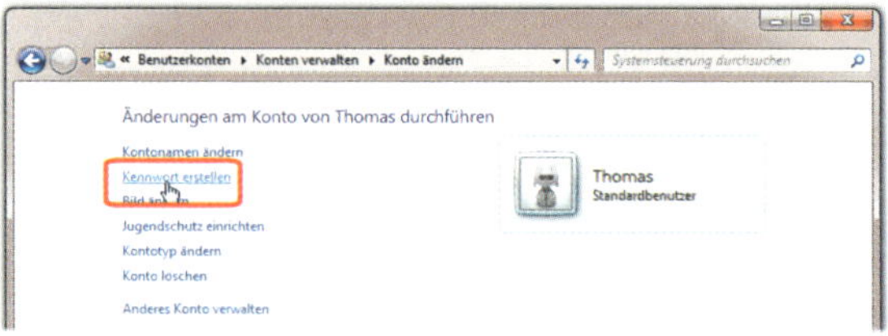

3 Geben Sie in das erste Eingabefeld das gewünschte Passwort ein und wiederholen Sie die Eingabe in dem zweiten Feld. Falls gewünscht können Sie in dem Feld *Kennworthinweis* noch eine „Eselsbrücke“ für Ihr Passwort eingeben. Dieser Hinweis wird bei der Anmeldung gezeigt.

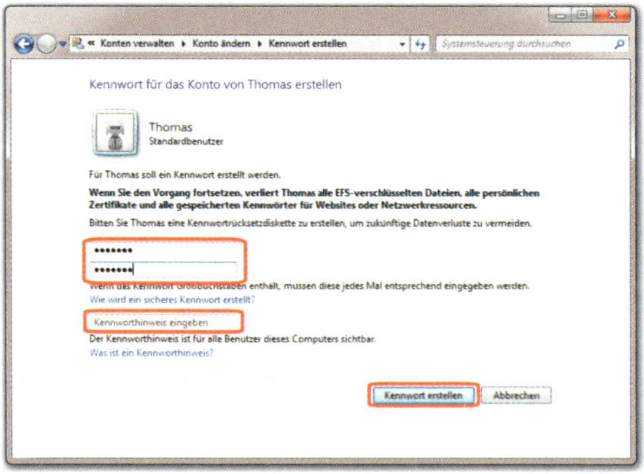

Was ist ein sicheres Passwort?

Ein gutes und sicheres Passwort besteht aus einer willkürlichen Kombination von Buchstaben und Zahlen. Wichtig ist dabei auch die Verwendung von Groß- und Kleinschreibung. Verwenden Sie auf keinen Fall Klarbezeichnungen oder Namen und wählen Sie eine Länge von mindestens sechs Zeichen. Ein besonders sicheres Kennwort, wie zum Beispiel Uh39Pfq8aS hat leider den Nachteil, dass es nur schwer zu merken ist.

Wenn Sie Ihren PC anschließend neu starten, wird der neue Benutzer in der Auswahl angezeigt und auch die Eingabe des Kennwortes gefordert.

Auf die Schnelle: die besten Tipps & Tricks

Mit Windows Snap zwei Fenster vergleichen

Immer wieder einmal möchte man zwei Programmfenster gleichzeitig auf dem Bildschirm darstellen, um deren Inhalte zu vergleichen oder zwei unterschiedliche Seiten zu sehen. Die manuelle Anpassung der Fenster ist zwar möglich, dauert aber relativ lange und gelingt meist nie so genau, dass beide Fenster wirklich gleich groß sind. Windows Snap heißt die Lösung für dieses Problem.

1 Öffnen Sie ein Dokument beispielsweise mit dem Programm Word und verkleinern Sie das Fenster beliebig.

2 Fassen Sie es mit der Maus am oberen Rand und ziehen Sie es mit einer schnellen Bewegung gegen die rechte Bildschirmseite.

3 Das Fenster wird automatisch auf die halbe Bildschirmgröße gebracht.

4 Wiederholen Sie diesen Vorgang mit einem weiteren Worddokument und platzieren Sie dieses Fenster anschließend an den linken Bildschirmrand.

Als Ergebnis erhalten Sie zwei in der Größe identische Programmfenster. Zwischen diesen können Sie problemlos mit der Maus hin und her schalten. Der Überblick geht nie verloren.

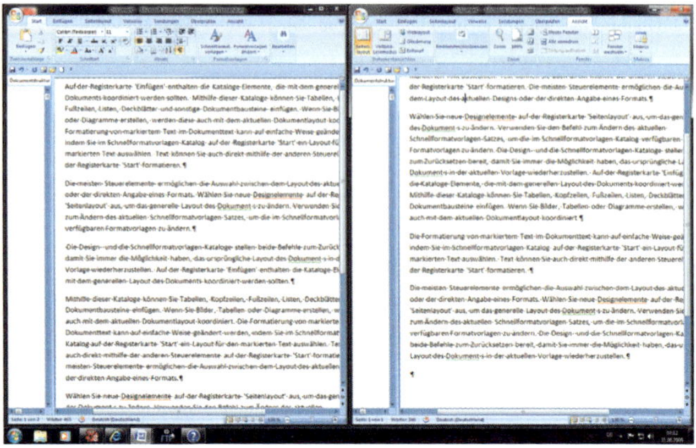

Blitzschnell zwischen Programmfenstern wechseln

Haben Sie mehrere Programme gestartet, können Sie natürlich mithilfe eines einfachen Mausklicks in der Taskleiste von einem Programm zum nächsten wechseln. Eine andere Art der schnellen Umschaltung zwischen geöffneten Anwendungen wird Windows Flip genannt. Drücken Sie dazu die Alt-Taste und halten Sie diese fest. Sobald Sie jetzt die Tab-Taste drücken, erscheint ein Fenster in der Bildschirmmitte mit einer verkleinerten Darstellung aller geöffneten Programme und Fenster.

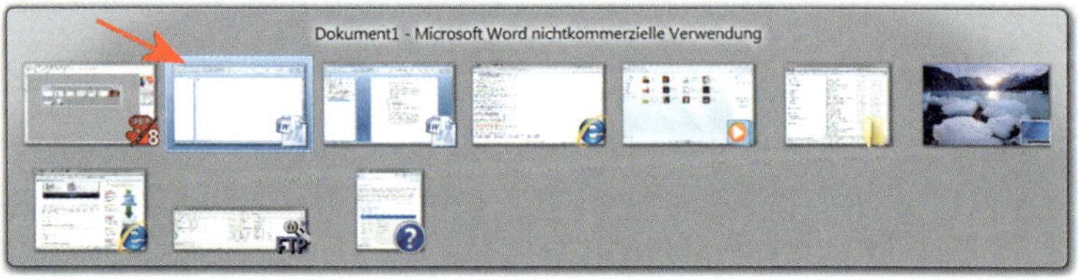

Das aktive Programmfenster wird hervorgehoben dargestellt (Pfeil). Mit jedem neuen Druck der Tab-Taste wechselt die aktive Anwendung. Haben Sie die gewünschte erreicht, lassen Sie einfach die Alt-Taste los und dieses Programm ist sofort im Vordergrund aktiv.

3. Dateien und Ordner: Behalten Sie den Überblick über Ihre Daten

Digitalfotos, Briefe, Musikstücke: Mit der Zeit werden sich viele Dateien auf Ihrem Computer ansammeln. Um den Überblick zu behalten, steht Ihnen in Windows 7 ein leistungsfähiges Programm zu Verfügung. Mit dem Windows-Explorer können Sie Ihre Dateien einfach organisieren, löschen, kopieren oder umbenennen.

So behalten Sie immer den Überblick: den Windows 7-Explorer kennenlernen

Sie starten den Windows-Explorer über das Symbol links unten in der Taskleiste. So haben Sie mit einem Klick immer einen Zugriff auf Ihre Ordner und Dateien auf Ihrem Computer.

Der Aufbau des Windows-Explorers

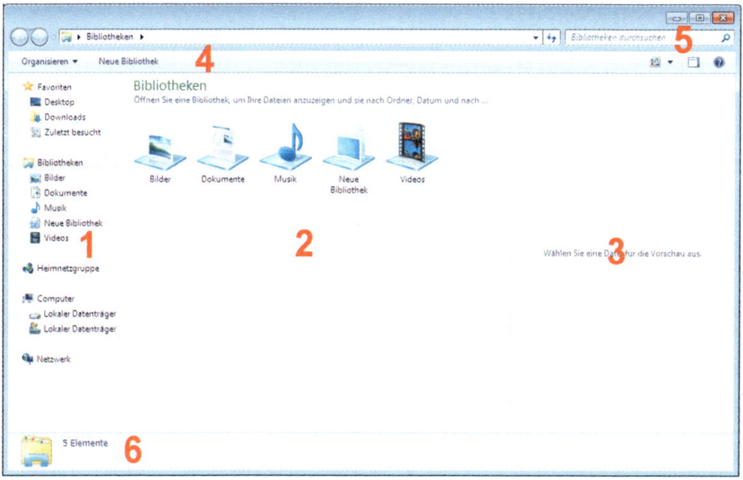

1 Der Navigationsbereich

Hier werden Datenträger, Ordner und Bibliotheken, also die Speicherorte Ihrer Dateien angezeigt.

2 Der Inhaltsbereich

Wenn Sie im Navigationsbereich einen Eintrag, beispielsweise einen Ordner, angeklickt haben, wird Ihnen im Detailbereich der Inhalt angezeigt.

3 Die Vorschau

Im Detailbereich markierte Dateien werden rechts in der Vorschau angezeigt. Bilder, Filme, Musik: Sie können hier zu fast jeder Datei eine Vorschau betrachten.

4 Die Symbolleiste

Kontextsensitiv, also in Abhängigkeit dazu, welches Element Sie im Navigations- oder Inhaltsbereich angeklickt haben, finden Sie hier dazu anwendbare Befehle, beispielsweise eine Datei öffnen oder Dateien auf eine DVD brennen.

5 Das Suchfeld

Hierüber können schnell Dateien und Ordner auf Ihrem Computer gefunden werden.

6 Der Detailbereich

Am unteren Rand finden Sie zusätzliche Informationen zu dem von Ihnen markierten Element.

Für mehr Durchblick: Ihre Dateien in Bibliotheken organisieren

Um Ihnen den Überblick über Ihre Dateien zu einfach wie möglich zu machen, sind in Windows 7 bereits vier Bibliotheken vorgegeben. Diese finden Sie im *Navigationsbereich* aufgeführt.

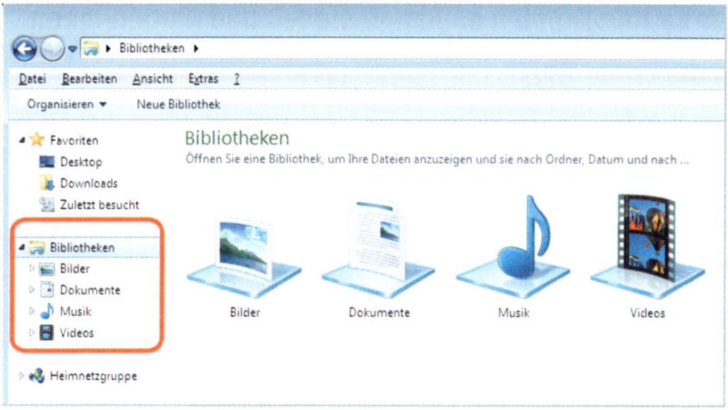

Hier lassen sich die gängigsten Dateitypen, Bilder, Dokumente, Musik und Videos, übersichtlich sammeln. Jede Bibliothek kann eine Vielzahl an Ordnern enthalten, beispielsweise die Bibliothek *Bilder* einen eigenen Ordner für jede Ihrer Urlaubsreisen.

Eine neue Bibliothek erstellen

Natürlich können Sie auch neue Bibliotheken erstellen, beispielsweise eine eigene für Ihr Hobby. Dort könnten dann alle möglichen Arten an Dateien zu dem Thema abgelegt werden. Markieren Sie dazu im Navigationsbereich den Eintrag *Bibliotheken* (**1**) und klicken auf die Schaltfläche *Neue Bibliothek* (**2**). Es erscheint ein neues Bibliotheksymbol, und Sie können direkt einen Namen eintippen (**3**). Drücken Sie danach einmal auf die Enter-Taste.

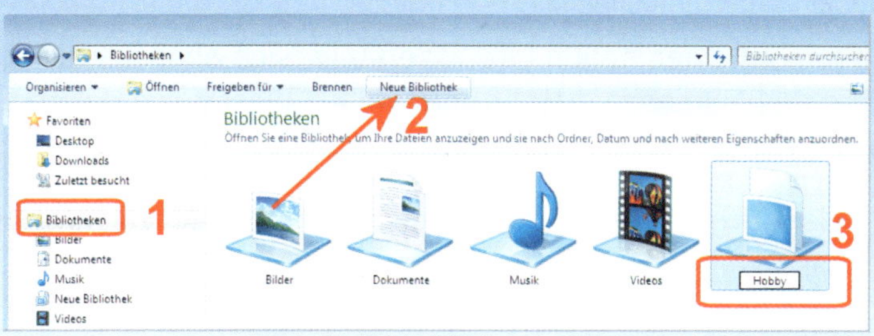

Ordner für Ihre Dateien einfach erstellen und umbenennen

Wenn Sie gerne Bilder mit Ihrer Digitalkamera machen, sammelt sich schnell eine ganze Menge an Fotos an. Auch wenn diese alle in einer Bibliothek sind, wird es unter Umständen schwierig, ein bestimmtes Bild zu finden. In diesem Beispiel soll ein Ordner *Urlaub in Frankreich* innerhalb der Bibliothek *Bilder* erstellt werden, um Ihre Fotos zu sortieren.

1 Markieren Sie den Eintrag *Bilder* im Navigationsbereich und klicken Sie auf die Schaltfläche *Neuer Ordner*.

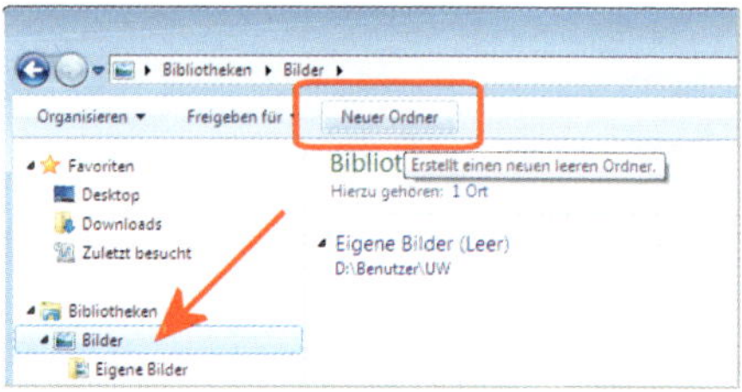

2 Es erscheint im Inhaltsbereich ein Symbol für einen neuen Ordner. Geben Sie direkt einen Namen ein und drücken Sie die Enter-Taste, um die Eingabe zu übernehmen.

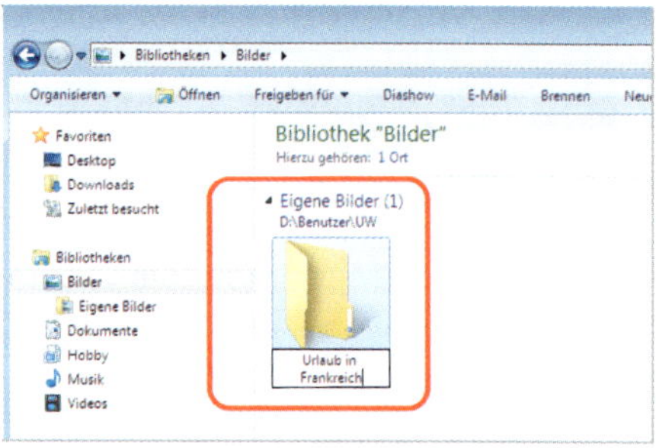

Ordner schnell umbenennen

Haben Sie einen neuen Ordner erstellt, sich aber bei der Eingabe des Namens vertippt oder wollen diesen aus einem anderen Grund ändern, gehen Sie einfach wie folgt vor.

1 Markieren Sie den Ordner mit einem einfachen Klick auf das Symbol. Rufen Sie aus dem Menü *Organisieren* oben links den Befehl *Umbenennen* auf.

2 Verbessern Sie den Eintrag oder vergeben Sie einen neuen Namen. Mit der Enter-Taste bestätigen Sie Ihre Änderung.

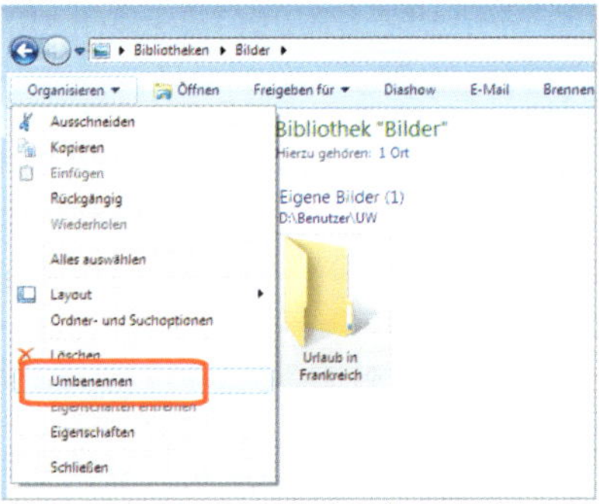

Umbenennen: Noch schneller geht's mit der Maus

Den Befehl *Umbenennen* finden Sie auch im *Kontextmenü*. Klicken Sie mit der rechten Maustaste auf den Ordner, um dieses Menü aufzurufen. Noch schneller geht es, wenn Sie einmal mit der linken Maustaste auf den Ordner klicken, um ihn zu markieren, und dann nach einer kurzen Pause noch mal klicken. Sie gelangen dann in den Bearbeitungsmodus für die Bezeichnung.

Dateien umbenennen

Genau wie Sie Ordner umbenannt haben, können Sie auch die Bezeichnung einer Datei ändern. Das macht Sinn, wenn Sie beispielsweise sehr viele Digitalfotos haben. Diese sind in der Regel nur durchnummeriert. Geben Sie doch Ihren Bildern einen aussagekräftigen Namen, so finden Sie schneller, was Sie suchen.

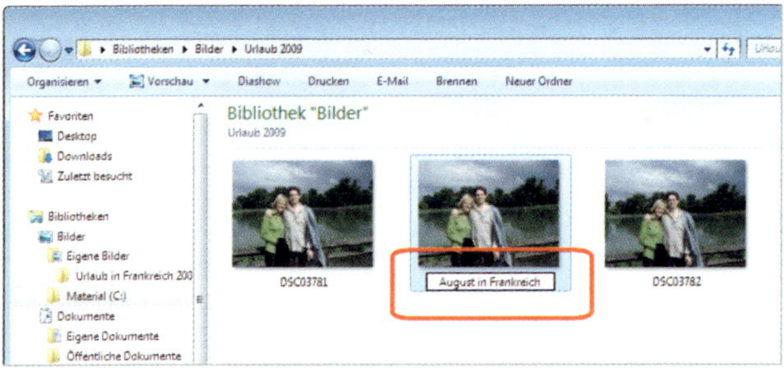

Dateien und Ordner bequem kopieren, löschen und verschieben

Natürlich sollen in dem eben erstellten Ordner jetzt auch die Fotos abgelegt werden. Über den Windows-Explorer können bequem Ihre Bilder von CD, DVD, USB-Stick oder Speicherkarte in den Ordner kopiert werden. In diesem Beispiel befinden sich die Bilder auf einer Speicherkarte einer Digitalkamera.

1 Im Navigationsbereich finden Sie, nachdem Sie die Kamera an Ihren Computer angeschlossen haben, einen eigenen Eintrag. Klicken Sie dazu auf den Pfeil vor dem Wort *Computer*. Es werden nun alle vorhandenen Datenträger angezeigt. In diesem Beispiel befinden sich die Fotos auf dem *Wechseldatenträger (H:)*.

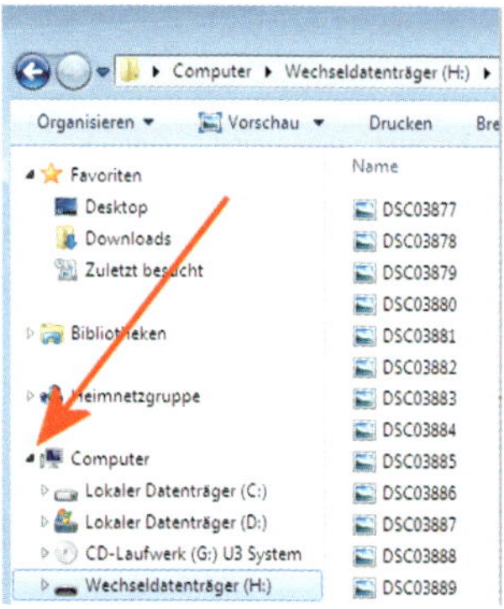

2 Die Fotos werden im *Inhaltsbereich* aufgelistet. Klicken Sie ein Bild an und halten Sie die *linke Maustaste* gedrückt. Sie können jetzt bequem die Datei in die gewünschte *Bibliothek* ziehen.

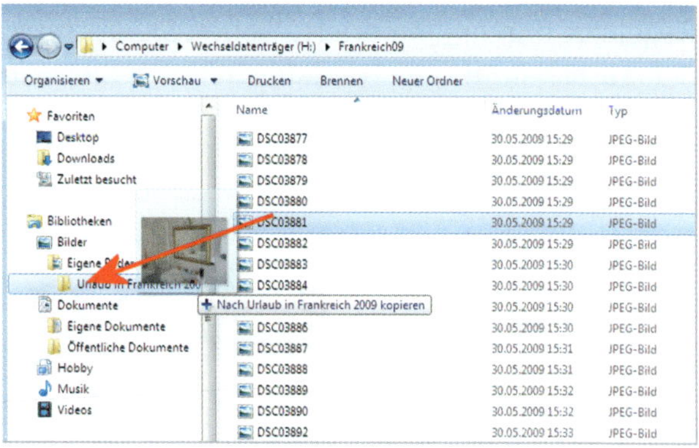

Schnelle Auswahl mehrerer Dateien mit Maus

Sie möchten aus einer Vielzahl an Dateien einige ganz bestimmte auswählen, um diese zu kopieren. Jede Datei einzeln in einen anderen Ordner zu ziehen ist viel zu zeitaufwendig. Sie können sich der Umschalt- und Strg-Taste bedienen, um in einem Vorgang mehrere Dateien zu markieren. Mit der Umschalt-Taste markieren Sie mehrere direkt unter- oder nebeneinander liegende Dateien, bei gedrückter Strg-Taste können auch nicht zusammenhängende Dateien markiert werden.

Dateien verschieben

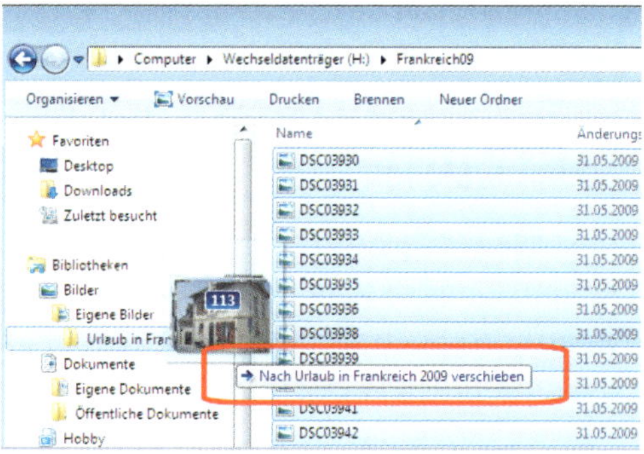

In dem Beispiel eben haben Sie die Fotodateien kopiert. Das bedeutet, dass sich die Bilder jetzt in der Bibliothek aber immer noch auch auf dem ursprünglichen Datenträger befinden. Möchten Sie den Platz aber für neue Bilder freimachen, können Sie anstatt zu kopieren die Fotos auch verschieben. Sie gehen dazu genau so vor wie oben beschrieben, drücken und halten aber beim Ziehen mit der Maus noch die Umschalt-Taste fest. Ob Sie gerade kopieren oder verschieben, wird Ihnen auch auf dem Bildschirm angezeigt.

Dateien löschen

Wenn Sie Dateien wie Bilder, Musik oder Dokumente nicht mehr benötigen, können Sie diese natürlich auch löschen.

1 Das geht ganz einfach, indem Sie eine oder mehrere Dateien markieren und aus dem Menü *Organisieren* den Befehl *Löschen* auswählen.

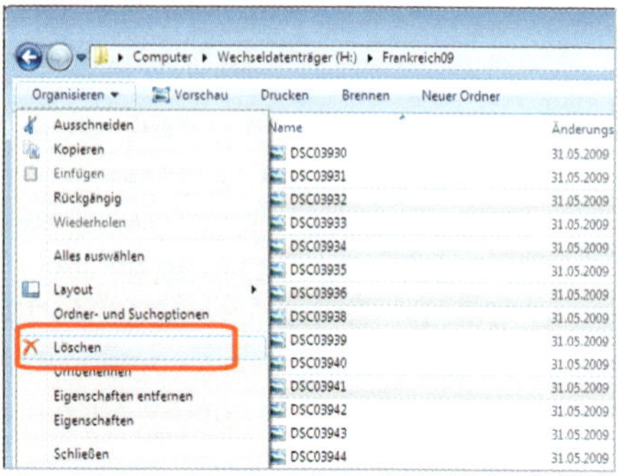

2 Bestätigen Sie noch die Warnung mit der Schaltfläche *OK*.

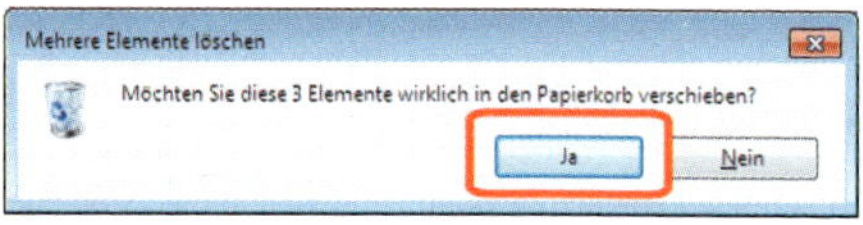

Gelöscht, aber nicht verloren: Dateien aus dem Papierkorb wiederherstellen

Ein versehentliches Löschen einer oder mehrerer Ordner oder Dateien ist noch kein Beinbruch. Vorausgesetzt Sie haben den Papierkorb noch nicht geleert, können Sie Dateien und ganze Ordner einfach wiederherstellen.

1 Klicken Sie auf den Eintrag *Desktop* auf der linken Seite des Windows-Explorers. Markieren Sie das Symbol für den Papierkorb und klicken Sie auf die Schaltfläche *Öffnen*. Sie können alternativ auch einen Doppelklick auf den Eintrag Papierkorb ausführen.

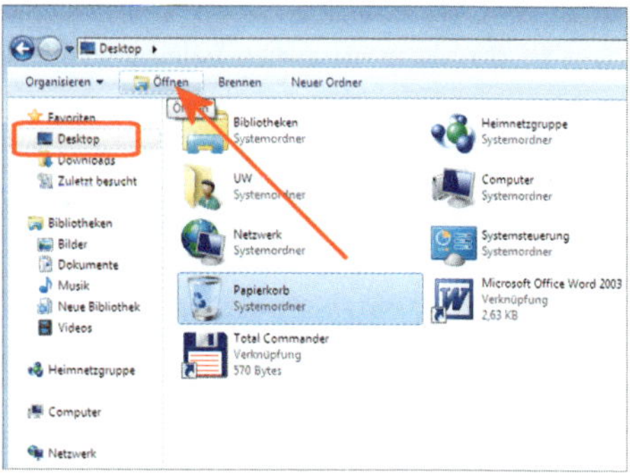

2 Klicken Sie mit der *rechten* Maustaste auf den Eintrag, in diesem Beispiel ein versehentlich gelöschter Brief, und wählen Sie den Befehl *Wiederherstellen*.

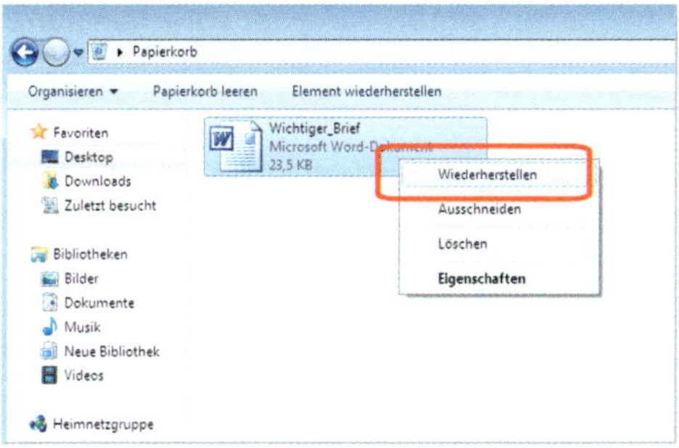

3 Die Datei wird an ihrem ursprünglichen Speicherplatz wiederhergestellt und kann problemlos weiterverwendet werden.

Freie Sicht: Die Wahl der Dateiansicht stellt jeden Ordnerinhalt optimal dar

Sie können sich die Dateien in einem Ordner auf verschiedene Arten anzeigen lassen. Die Auswahl ist in verschiedene Stufen eingeteilt und reicht von der einfachen Anzeige des Dateinamens bis zur Anzeige eines großen Vorschaubildes.

Die Steuerung erfolgt über das Symbol *Ansicht ändern*. Mit jedem Klick wird eine andere Ansicht angezeigt, beispielsweise der Dateiname und die zugehörigen Dateiinformationen wie Größe und Datum.

Stufenlose Vergrößerung der Vorschau nutzen

Klicken Sie auf den Auswahlpfeil rechts neben dem Symbol *Ansicht ändern*.

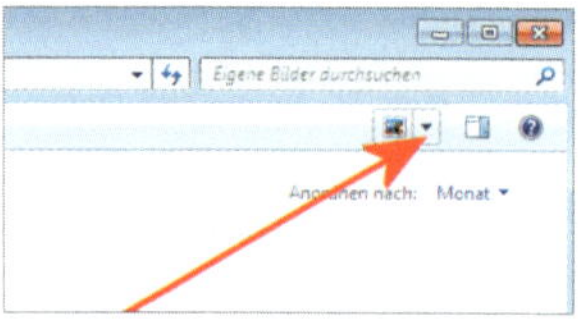

Hier können Sie mit der Maus einen Regler bedienen und damit die Größe der Dateisymbole und eines Vorschaubildes stufenlos anpassen.

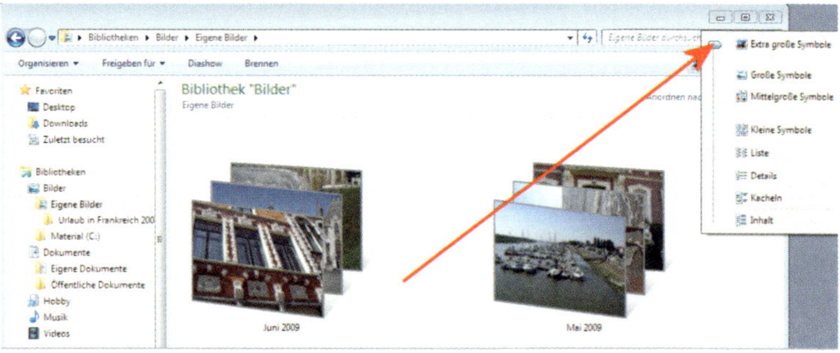

Ansichten schnell mit der Maus umschalten

Wenn Sie über eine Maus mit einem Mausrad verfügen, können Sie die Ansichten noch einfacher auswählen. Halten Sie die Strg-Taste auf Ihrer Tastatur gedrückt und bewegen Sie das Mausrad, die Dateianzeige schaltet dann bequem durch alle verfügbaren Ansichten.

Sofort anschauen: Dokumentinhalte direkt im Windows-Explorer betrachten

Wenn Sie eine bestimmte Datei suchen, beispielsweise ein Foto oder ein bestimmtes Musikstück, aber den Dateinamen nicht mehr kennen, hilft die Vorschaufunktion des Windows-Explorers weiter. Diese rufen Sie rechts oben über das Symbol *Vorschaufenster* auf. Im Windows-Explorer erscheint dann rechts ein neuer Bereich.

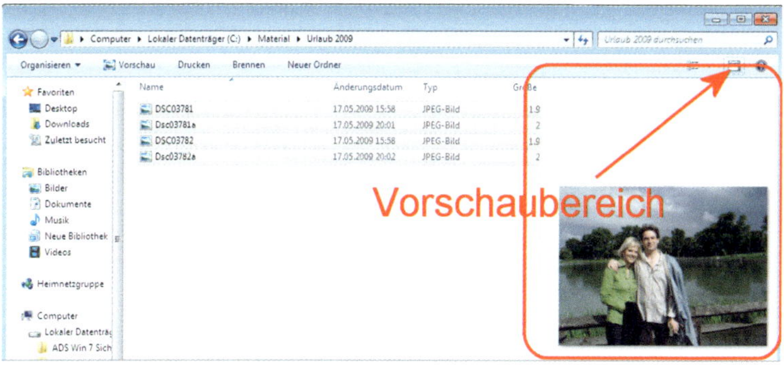

Je nach Dateityp wird zusammen mit der Vorschau auch ein entsprechendes Programm angezeigt. So können Musik- und Video-Dateien gleich in dem Vorschaufenster abgespielt werden. So finden Sie schnell die gesuchte Datei.

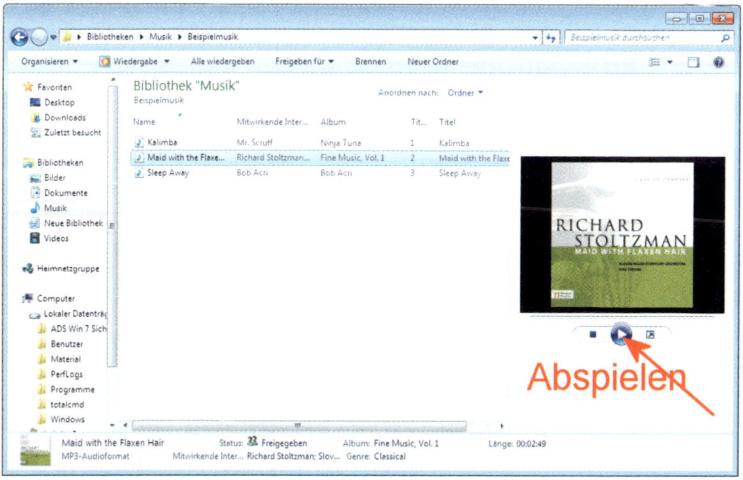

Auch einfache Textdateien werden in der Vorschau gleich mit dem Inhalt angezeigt. So können Sie bei Dateien ohne klaren Dateinamen gleich erkennen, worum es geht.

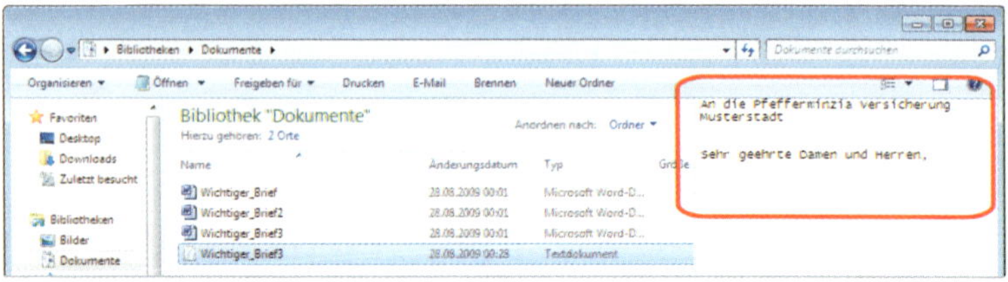

Keine Vorschau für eine Datei möglich

Möglicherweise erscheint bei verschiedenen Dateien nur die Anzeige *Es ist keine Vorschau verfügbar*. Die Vorschaufunktion muss von der entsprechenden Datei unterstützt werden, das ist leider nicht bei allen Formaten gegeben. Die meisten Audio- und Videoformate werden unterstützt, wenn Sie die Version Microsoft Office 2007 verwenden, auch die Dokumentenformate für Word, Excel und Powerpoint.

Die Windows 7-Suchfunktion: So werden Dateien und Ordner in Sekundenschnelle gefunden

Als ein wahrer Segen erweist sich bei großen Datenbeständen das Suchfeld oben rechts im Windows-Explorer. Wenn Sie nur einen Teil des Namens einer Datei oder Ordners, sei es ein Bild, ein Musikstück oder ein Dokument, wissen, werden Sie in Sekunden fündig. In dem Beispiel soll nach einem Bild gesucht werden, von dem nur noch bekannt ist, dass das Wort *August* im Namen vorkam.

1 Markieren Sie im Navigationsbereich den Eintrag *Bibliotheken*. Geben Sie den Suchbegriff in das Suchfeld ein und drücken Sie die Enter-Taste.

2 Es werden Ihnen im Inhaltsbereich alle Treffer aufgeführt, und der Suchbegriff im Namen wird gelb markiert.

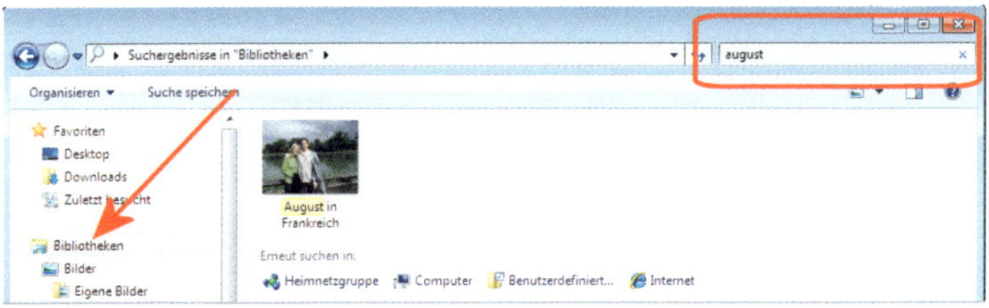

Durchsuchen Sie Ihren Computer

Werden Sie in den Bibliotheken nicht fündig, brauchen Sie nicht zu verzweifeln. Vielleicht befindet sich die gesuchte Datei an einem anderen Speicherplatz. Um Ihren gesamten Computer zu durchsuchen, markieren Sie im Navigationsbereich den Eintrag *Computer*. Die Beschriftung des Suchfeldes zeigt jetzt auch *Computer durchsuchen* an.

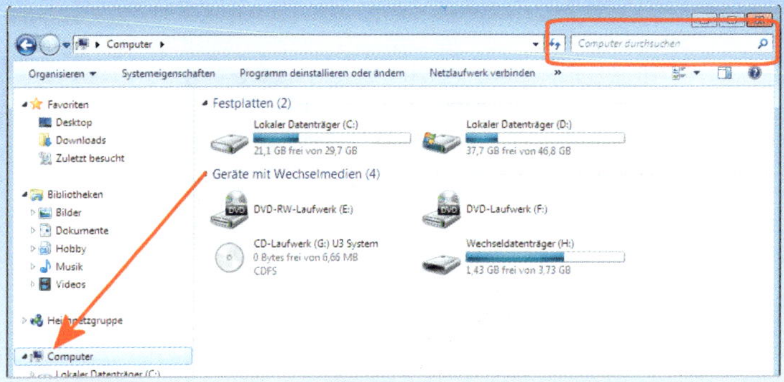

Auf die Schnelle: die besten Tipps & Tricks

Eine Diashow mit dem Windows-Explorer starten

Möchten Sie Ihre Urlaubsbilder gerne Ihren Freunden und Bekannten zeigen? Ganz einfach funktioniert das mit dem Windows-Explorer.

1 Markieren Sie das erste Bild und klicken Sie in der Symbolleiste auf den Eintrag *Vorschau*.

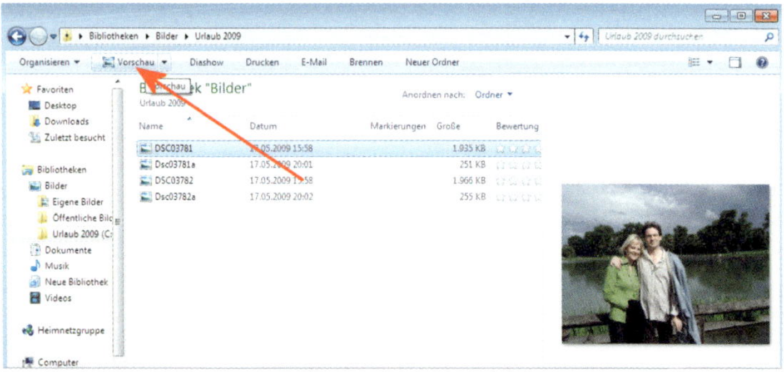

2 Das Bild wird in einem separaten Fenster geöffnet. Klicken Sie auf den *Diashow-Startknopf* unten, und alle Bilder werden nacheinander und bildschirmfüllend angezeigt.

4. Die Internetverbindung schnell und sicher einrichten

Bequem vor dem Bildschirm einkaufen, die Bankgeschäfte tätigen und durch E-Mails mit Freunden und Familie in Kontakt bleiben: Das Internet bietet eine unendliche Möglichkeit, sich zu informieren oder sich zu unterhalten. Wie Sie mit Ihrem neuen Computer schnell und sicher eine Internetverbindung einrichten, erfahren Sie in diesem Kapitel.

Blitzschnell im Internet unterwegs: DSL-Verbindung einrichten

Sie benötigen nur zwei Geräte, um eine DSL-Verbindung herzustellen. Einmal den Splitter, den Sie von Ihrem Anbieter kostenlos zur Verfügung gestellt bekommen, und ein DSL-Modem, das in der Regel ebenfalls mitgeliefert wird.

Was ist ein Provider?

Provider nennt man einen Anbieter von Internetzugängen. Ob Sie Firmen wie T-Home, Alice, 1&1, Arcor oder regionale Dienstleister, wie beispielsweise Netcologne im Raum Köln/Bonn nutzen, ist letztendlich eine Frage des Preises und der Verfügbarkeit. Die Installation der Hardware ist in allen Fällen weitestgehend gleich.

Unter der Internetadresse *http://www.dslweb.de/T-DSL-Verfuegbarkeit.html* können Sie schnell überprüfen, ob für Ihren Wohnort eine DSL-Anbindung zur Verfügung steht.

1 Verbinden Sie den Splitter mit Ihrer Telefondose (1). So wird ein zusätzlicher Anschluss für das DSL-Modem (2) frei. Ihr Telefon stecken Sie in den entsprechenden Anschluss des Splitters (3).

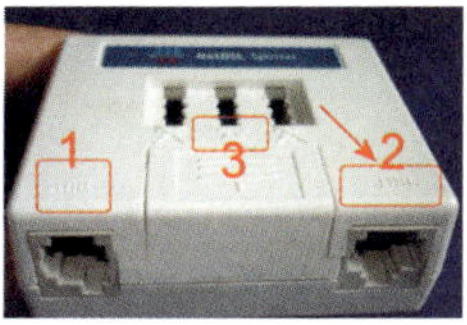

2 Verbinden Sie nun das DSL-Modem mit dem Splitter (1) und mit Ihrem Computer (2). Vergessen Sie den Stromanschluss (3) nicht.

Erste Hilfe bei Problemen

Wenn Sie das DSL-Modem angeschlossen haben, müssen in der Regel drei Leuchten die Betriebsbereitschaft anzeigen. Die Poweranzeige, wenn das Gerät mit Strom versorgt wird. Eine Leuchte mit der Bezeichnung LAN, die anzeigt, dass Ihr Computer eine Verbindung mit dem Modem hat, und eine Anzeige mit der Bezeichnung DSL. Diese muss konstant leuchten, blinkt diese oder ist komplett aus, fehlt schlichtweg das Signal. Überprüfen Sie in diesem Fall die Verbindungen von Splitter und Telefondose und wenden sich an Ihren Anbieter.

Windows für den Internetzugang einrichten

Windows 7 richten Sie nun mit wenigen Schritten für den Zugang zum Internet ein:

1 Rufen sie das Startmenü auf und klicken Sie auf den Eintrag *Systemsteuerung*.

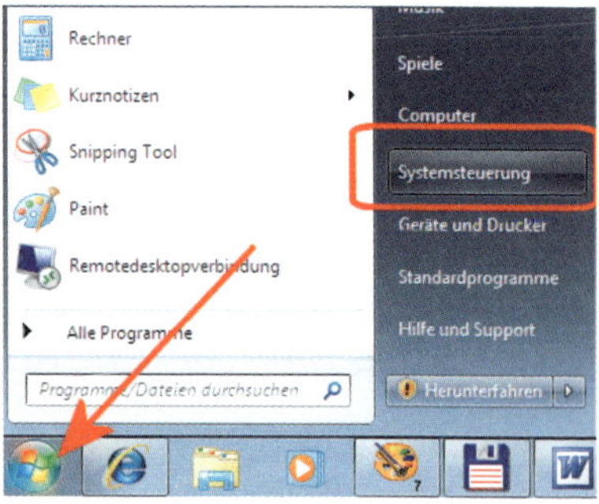

2 Wählen Sie den Eintrag *Verbindung mit dem Internet herstellen* aus.

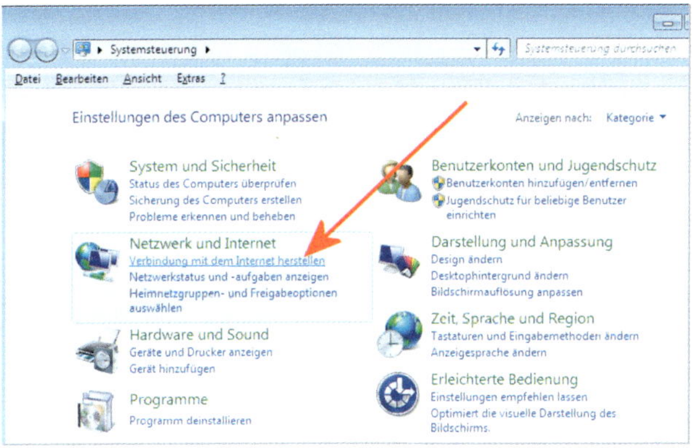

3 Klicken Sie auf den Eintrag *Breitband (PPPoE)*.

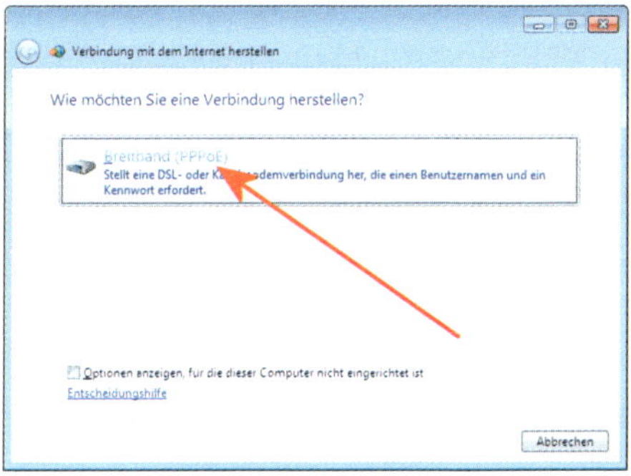

4 Geben Sie nun die Zugangsdaten Ihres Internet-Providers ein. Diese bestehen immer aus einem *Benutzernamen* und einem *Passwort*. Diese Informationen sollten Sie nach Vertragsabschluss schriftlich erhalten haben. Klicken Sie nach der Eingabe auf die Schaltfläche *Verbinden*.

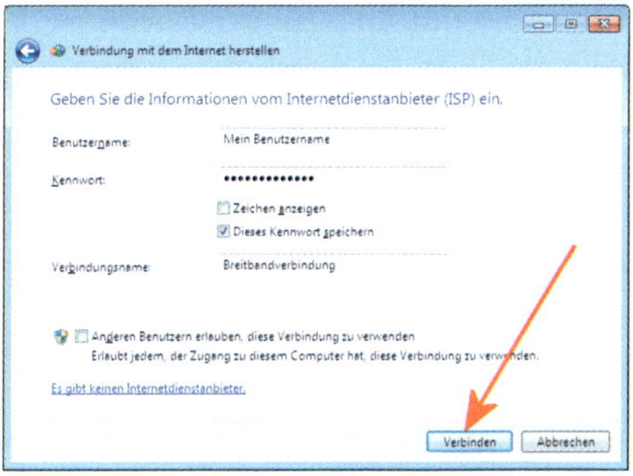

Passwort Falscheingaben vermeiden

Die Eingabe des Kennwortes für den Internetzugang ist eine häufige Fehlerquelle. Das Kennwort ist meinst eine recht komplizierte Buchstaben- und Zahlenkombination, da kann man sich schnell einmal vertippen. Ein Verbindungsversuch bricht dann natürlich ab.

Um diese Fehlerquelle auszuschließen, können Sie bei der Eingabe des Kennwortes die Option *Zeichen anzeigen* aktivieren. So können Sie in Ruhe vergleichen und Fehler ausschließen.

Drahtlose Verbindung – WLAN perfekt einrichten und nutzen

Wenn Sie kein Freund von Kabelsalat sind oder die örtlichen Gegebenheiten in Ihrem Haus das Legen von Kabeln erschwert, können Sie sich für eine drahtlose Verbindung entscheiden. Besitzer eines Notebooks werden diese Variante zu schätzen wissen, da die transportablen Geräte meist schon über einen eingebauten WLAN-Sender und -Empfänger verfügen. Voraussetzung ist, dass Sie ein WLAN-DSL-Modem oder einen WLAN-Router besitzen und Ihr Computer ebenfalls für WLAN ausgerüstet ist.

Sie erkennen ein WLAN-DSL-Gerät an seiner charakteristischen Antenne und natürlich an der Bezeichnung WLAN auf der Verpackung.

Foto: AVM GmbH.

Eine drahtlose Verbindung einrichten

Windows 7 macht die drahtlose Verbindung besonders einfach. Nachdem Sie das WLAN-Gerät wie am Beginn des Kapitels gezeigt angeschlossen haben, gehen Sie so vor. Bitte nehmen Sie sich für die folgenden Schritte auch das Handbuch des WLAN-Routers zur Hand.

1 Klicken Sie rechts in der Taskleiste auf das Netzwerksymbol. Es wird eine Liste der verfügbaren Verbindungen angezeigt. Klicken Sie auf die Bezeichnung Ihres Netzwerks. Diese Information erhalten Sie aus dem Handbuch des Herstellers. In diesem Beispiel ist der Name *UW*.

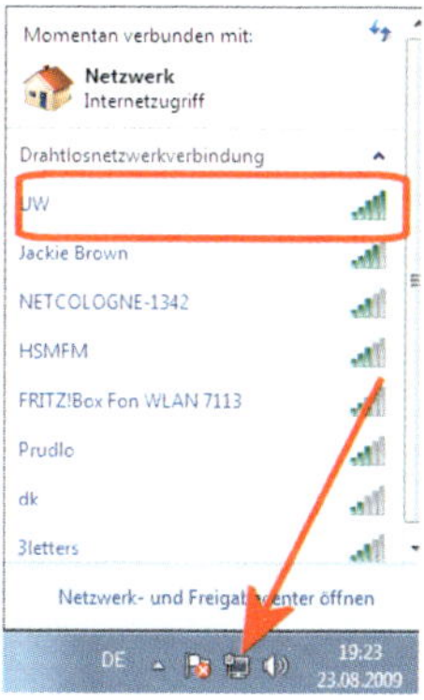

2 Klicken Sie auf die Schaltfläche *Verbinden*.

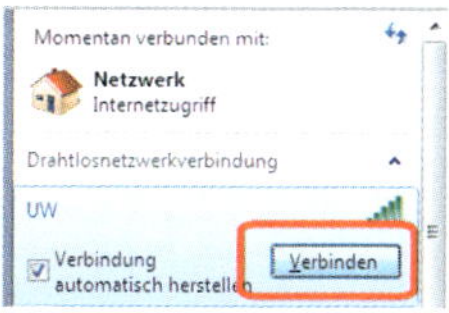

3 Sie müssen nun den *Netzwerksicherheitsschlüssel* eingeben. Das ist eine Zahlenkombination oder ein Kennwort. Damit niemand unbefugt auf Ihre Verbindung zugreifen kann, ist diese Abfrage notwendig. Lesen Sie hierzu das Handbuch des Herstellers. Bei Produkten der Firma AVM beispielsweise findet man den Schlüssel auf der Unterseite des Geräts. Bestätigen Sie die Eingabe mit der Schaltfläche *OK*.

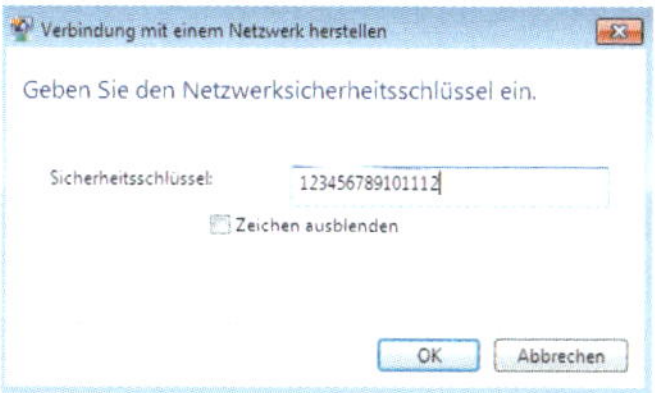

4 Sie sind nun mit dem Internet verbunden. Beachten Sie die Anzeige der Signalstärke. Je mehr grüne Segmente, desto besser der Empfang.

Schützen Sie Ihre Daten: einen Virenscanner aus dem Internet herunterladen und installieren

Sobald Sie die Internetverbindung eingerichtet haben, sind Sie auch schon ein potenzielles Ziel von Viren und Würmern. Damit es erst gar nicht zu Datenverlust und Computerabstürzen kommen kann, installieren Sie als erste Aufgabe ein Antivirenprogramm.

Woran erkenne ich einen Virenbefall meines Computers?

Wenn Sie das Gefühl haben, dass Ihr Computer auf einmal wesentlich langsamer arbeitet, kann das auf einen Virus hindeuten. Die Viren stehlen Ihnen wortwörtlich die Rechenleistung. Während dieses Phänomen eher lästig als gefährlich erscheint, können Viren aber auch Dateien auf Ihrem Computer verändern oder gar löschen. Programme lassen sich nicht mehr starten, Windows zeigt unerklärliche Fehlermeldungen, oder der Computer schaltet sich einfach aus.

Anforderungen an ein Antivirenprogramm

- Das Programm sollte komplett in deutscher Sprache vorliegen.
- Es müssen regelmäßig Updates, also wichtige Erweiterungen der Software, zur Verfügung stehen. Nur so können auch die neuesten Viren rechtzeitig erkannt werden.
- Das Antivirenprogramm (auch Virenscanner genannt) soll möglichst unbemerkt seinen Dienst versehen und auf keinen Fall den Computer ausbremsen.
- Die Bedienung sollte möglichst einfach und mit nur wenigen Mausklicks möglich sein.

Es gibt zahlreiche für Privatanwender kostenfreie Programme, die bereits seit Jahren für Sicherheit sorgen. Empfehlenswert ist zum Beispiel die Software AntiVir der Firma Avira. Und so schnell installieren Sie den Virenschutz.

1 Starten Sie den Internet Explorer oder einen anderen Browser, das ist ein Programm zur Anzeige von Internetseiten. Bitte lesen Sie dazu auch Kapitel 5. Geben Sie die Internetadresse *http://www.free-av.de* ein (die Angabe *http://* brauchen Sie nicht einzutippen) und drücken Sie die Enter-Taste.

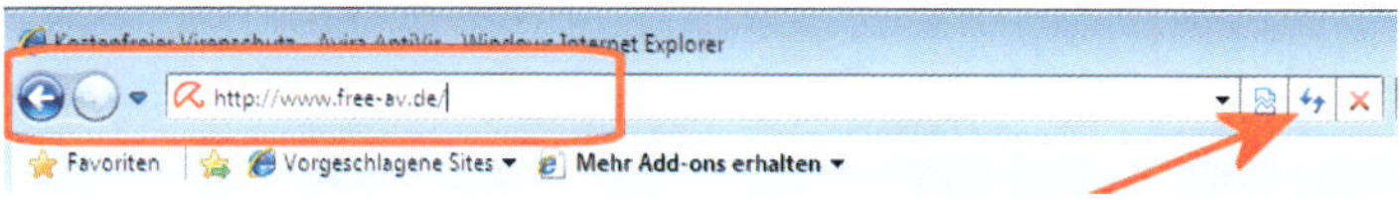

2 Klicken Sie auf den Abschnitt *Kostenfreies AntiVir downloaden*.

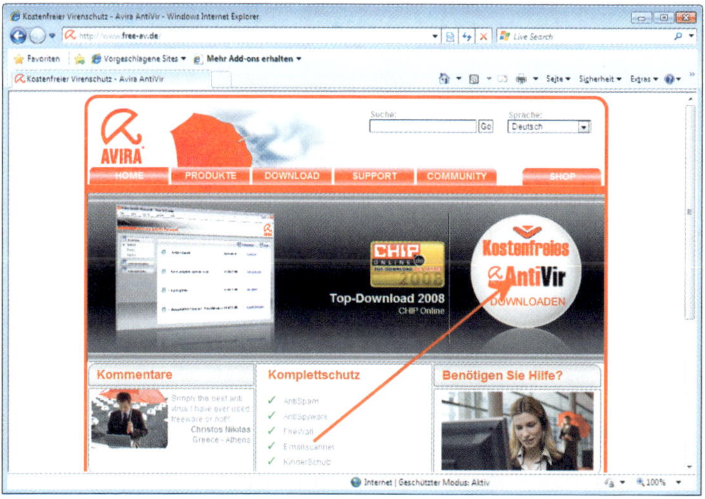

3 Auf der folgenden Seite werden mehrere Internetseiten angegeben, auf denen Sie das Programm herunterladen können. Klicken Sie beispielsweise einfach auf den Eintrag für *CHIP*. Sie gelangen so immer zu der aktuellen Version von AntiVir.

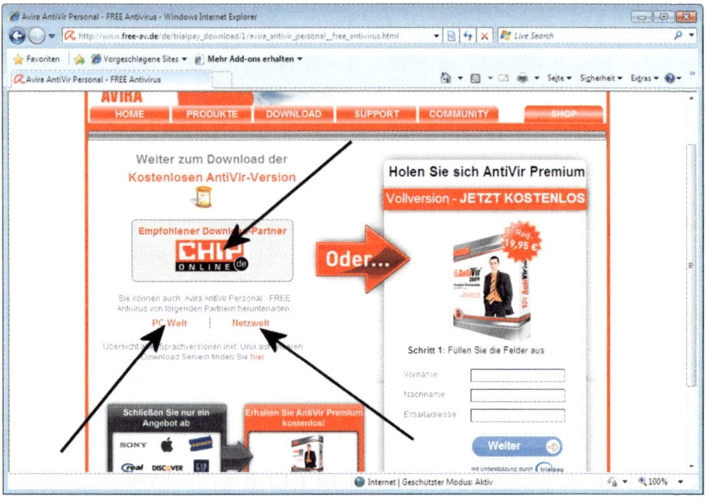

4 Es öffnet sich automatisch die Internetseite von CHIP online. Klicken Sie hier auf die Schaltfläche *Download* (1). Auf der folgenden Seite klicken Sie *Downloadserver Chip Online* an (2). Sollte das Herunterladen nicht nach ein paar Sekunden starten, klicken Sie erneut auf die Schaltfläche *Download* (3).

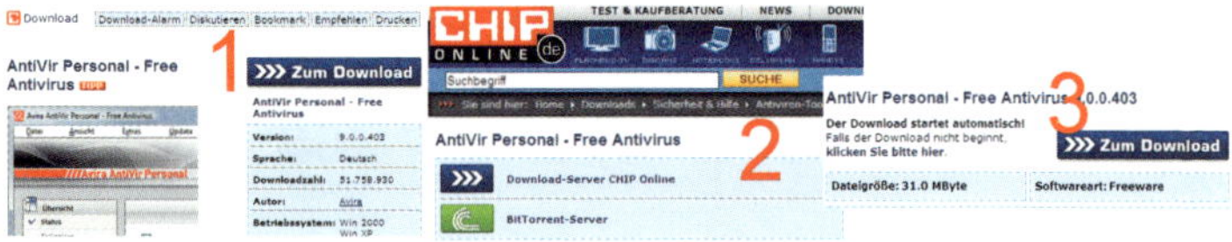

5 Bestätigen Sie die Sicherheitswarnung mit der Schaltfläche *Ausführen*. So wird die Software heruntergeladen und auch gleich auf Ihrem Computer installiert.

6 Bestätigen Sie die Windows 7 Aufforderung, dass AntiVir installiert werden darf, und klicken Sie in den mehreren folgenden Installationsfenstern immer auf die Schaltfläche *Weiter*. Sie müssen die *Lizenzbedingungen akzeptieren* (1) und bestätigen, dass Sie die Software nur zu privaten Zwecken nutzen (2). Starten Sie nun die vollständige Installation (3).

7 Im nächsten Schritt müssen Sie Ihre persönlichen Daten eingeben. Das können Sie vermeiden, indem Sie auf die Registrierung verzichten. Entfernen Sie dazu das Häkchen in der letzten Zeile.

8 Bestätigen Sie die Vorgaben des Programms mit der Schaltfläche *Weiter*, und AntiVir verrichtet nun seinen Dienst. Das Symbol mit dem aufgespannten Regenschirm finden Sie nun in der Taskleiste ganz rechts unten.

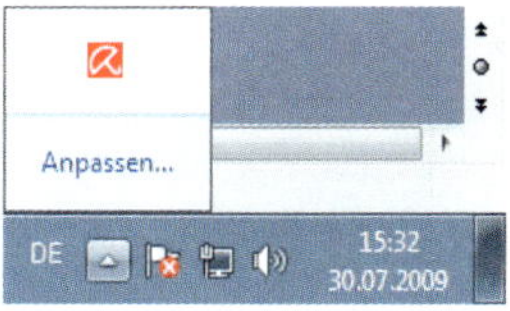

Wichtig: Mit Microsoft-Update schließen Sie alle Lücken im System

Das Windows-Betriebssystem wird stetig verbessert. Sicherheitslücken werden geschlossen und neue Funktionen hinzugefügt. Damit Sie immer auf dem neuesten Stand sind, sollten die automatischen Updates unbedingt aktiviert werden. Diese Einstellung nehmen Sie im Wartungscenter vor.

1 Klicken Sie auf das Symbol für die Meldung von PC-Problemen unten rechts in der Taskleiste und klicken Sie auf den Eintrag *Wartungscenter*.

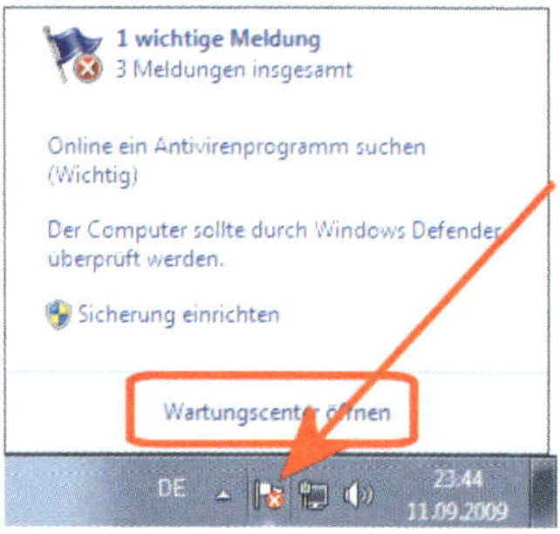

2 Klicken Sie in dem folgenden Fenster links auf den Eintrag *Windows Update*.

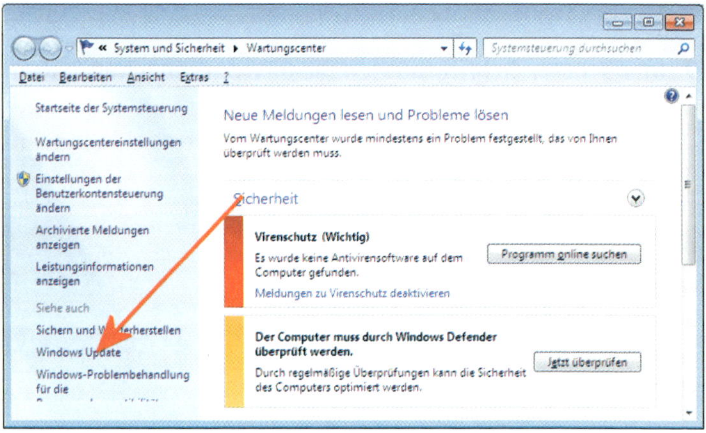

3 Klicken Sie auf den Eintrag *Einstellungen ändern*.

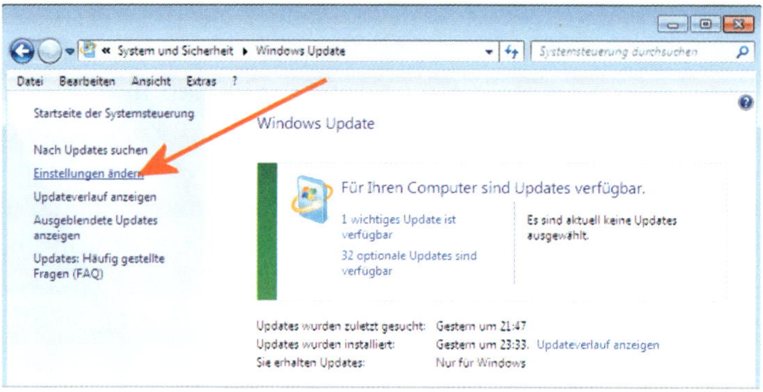

4 Wählen Sie die Option *Updates automatisch installieren* aus. So können Sie sicher sein, dass Ihr Windows immer mit Updates zeitnah versorgt wird. Bestätigen Sie Ihre Auswahl noch mit der Schaltfläche *OK*.

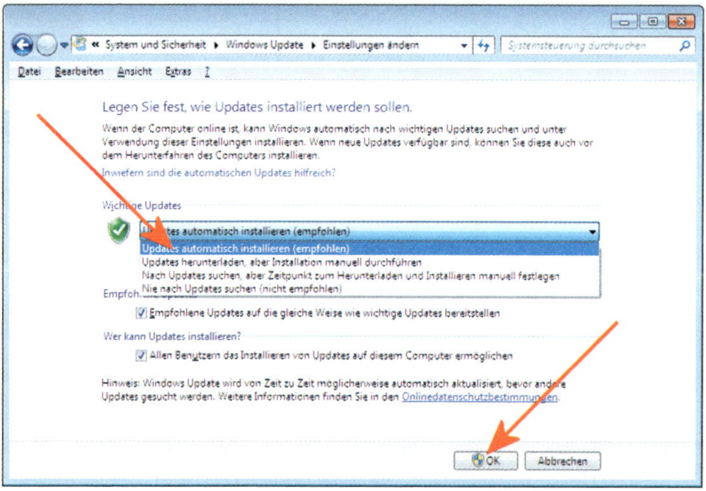

5. Komfortabel und sicher im Internet surfen

Nachdem Sie nun eine Verbindung zum Internet hergestellt haben (siehe Kapitel 4), möchten Sie nun natürlich auch endlich lossurfen. Um Internetseiten anzeigen zu können, benötigen Sie eine entsprechende Software. Dieses Programm wird Browser (nach dem englischen Verb to browse, für durchsuchen, durchstöbern) genannt. Wenn Sie einen PC mit einem vorinstallierten Windows 7 gekauft haben, sollte sich das entsprechende Programm, der Microsoft Internet Explorer, bereits auf Ihrem Rechner befinden.

Den Internet Explorer starten

Sie erkennen den Internet Explorer an dem Symbol mit dem blauen *e* und dem goldenen Bogen.

Sie rufen das Programm direkt über das Symbol links in der Taskleiste oder über *Start – Alle Programme* auf.

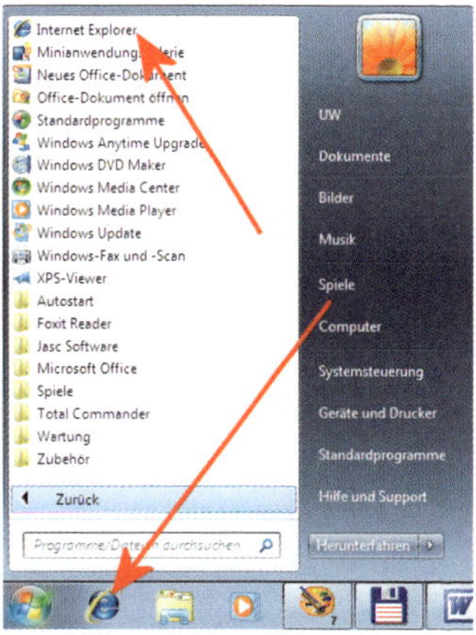

> **Alternative Browser**
>
> Sie müssen nicht unbedingt den Internet Explorer nutzen, es gibt eine Reihe guter und kostenloser Programme, die den gleichen Zweck erfüllen. Empfehlenswert ist beispielsweise der Browser Firefox, der sich immer größerer Beliebtheit erfreut. Diesen können Sie unter der Internetadresse *http://www.mozilla-europe.org/de/firefox* herunterladen.

Die wichtigsten Funktionen des Web-Browsers Internet Explorer im Überblick

Wenn Sie die Internetverbindung eingerichtet (siehe Kapitel 4) und den Browser gestartet haben, können Sie gleich in die weite Welt des Internets eintauchen. Sie brauchen dazu nur die Internetadresse, die sogenannte URL, der Webseite.

Wie sieht eine Internetadresse aus?

Der Aufbau einer Internetadresse, beispielsweise die der Firma DATA BECKER, besteht immer aus Protokoll (*http:*), Dienst (*www*) und Domäne (*databecker.de*). Einzugeben brauchen Sie aber nur Dienst und Domäne, also *www.databecker.de*, um die Seite aufrufen zu können. Das Protokoll wird vom Internet Explorer automatisch eingetragen.

So rufen Sie eine Internetseite auf

Geben Sie in das Eingabefeld, dieses wird Adressleiste genannt, am oberen Fensterrand die Adresse der gewünschten Seite ein. Beispielsweise *www.google.de* für die bekannte Suchmaschine, *www.spiegel.de* für die Seiten des Nachrichtenmagazins (1). Klicken Sie danach auf die Schaltfläche *Aktualisieren* (2) oder drücken Sie auf Ihrer Tastatur ganz einfach auf die Enter-Taste.

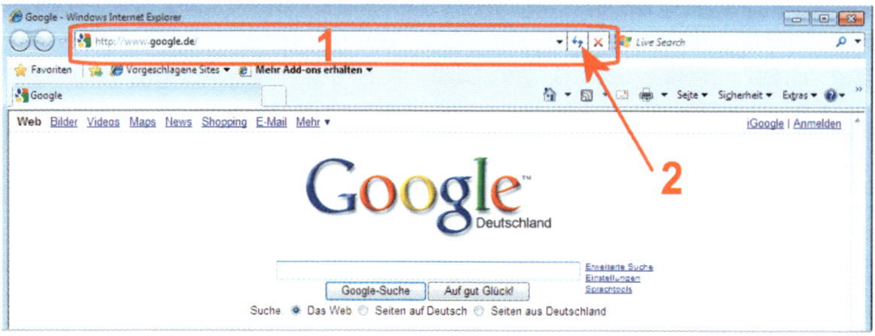

Schnelle Suche nach Internetseiten

Der Internet Explorer hat oben rechts ein Eingabefeld für Suchbegriffe. Geben Sie dort einfach ein, was Sie suchen, in diesem Beispiel Angebote für günstige LCD-Fernseher. Um die Suche zu starten, klicken auf das Symbol mit der Lupe.

Nach Begriffen auf einer Internetseite suchen

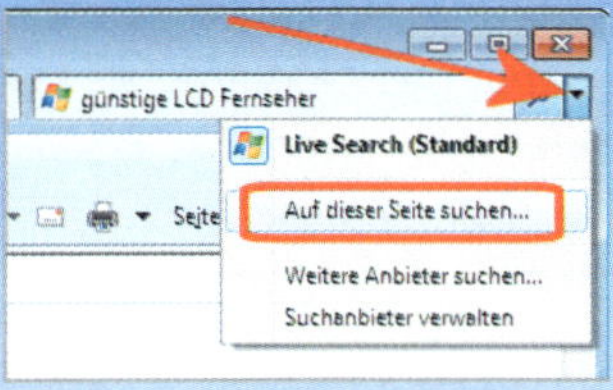

Sie können das Suchfeld auch dazu benutzen, nach einem oder mehreren Wörtern auf einer angezeigten Internetseite zu suchen. Das ist sehr praktisch, wenn Sie eine Seite mit viel Text vor sich haben. Geben Sie dazu die gesuchten Wörter in das Suchfeld ein und klicken Sie auf den Pfeil rechts neben dem Lupensymbol. Dort können Sie dann den Eintrag *Auf dieser Seite suchen* anklicken.

Schnell zu einer besuchten Internetseite zurückkehren

Möchten Sie eine zuvor besuchte Seite wieder aufrufen, benutzen Sie dazu die ganz links oben angezeigten Pfeile. Eine Liste der zuvor angezeigten Internetseiten bekommen Sie, wenn Sie den Pfeil rechts neben den blauen Pfeilen anklicken.

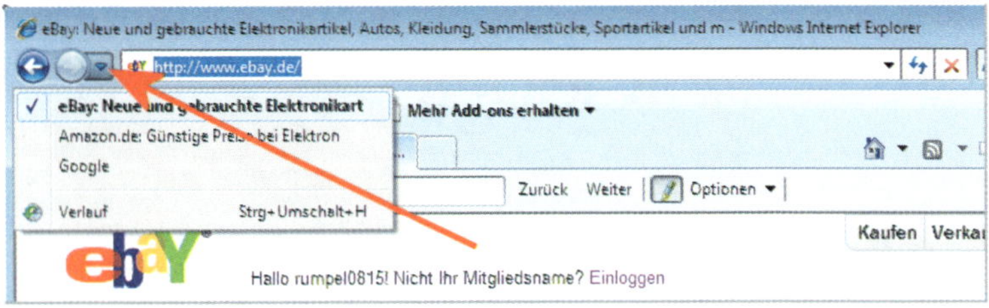

Eine weitere Möglichkeit ist es, wenn Sie rechts neben der *Adressleiste* auf den Pfeil klicken. Es wird Ihnen dann eine Liste der zuvor eingegebenen Internetadressen angezeigt. Klicken Sie einfach die Adresse an, die Sie erneut aufrufen möchten.

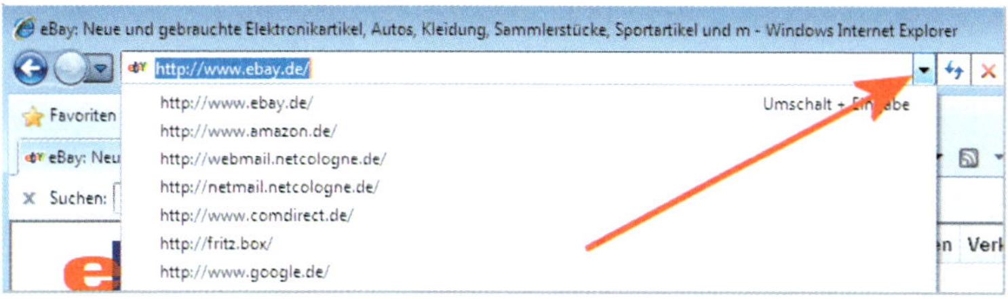

Speichern Sie Ihre Lieblingsseiten in den Favoriten ab

Möchten Sie auf bestimmte Internetseiten immer wieder zugreifen, beispielsweise eine Nachrichtenseite, die Sie täglich lesen möchten, ist es sinnvoll, diese als einen Favoriten zu definieren. Das geht ganz einfach und spart viel Zeit.

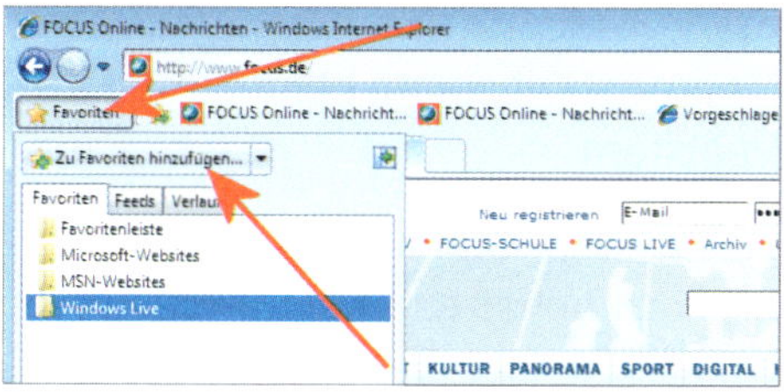

1 Rufen Sie eine Internetseite auf und klicken Sie, nachdem die Internetseite angezeigt wird, links oben auf die Schaltfläche Favoriten, gut erkennbar an dem Symbol mit dem gelben Stern. Aus dem sich öffnenden Menü wählen Sie den Eintrag *Zu Favoriten hinzufügen*.

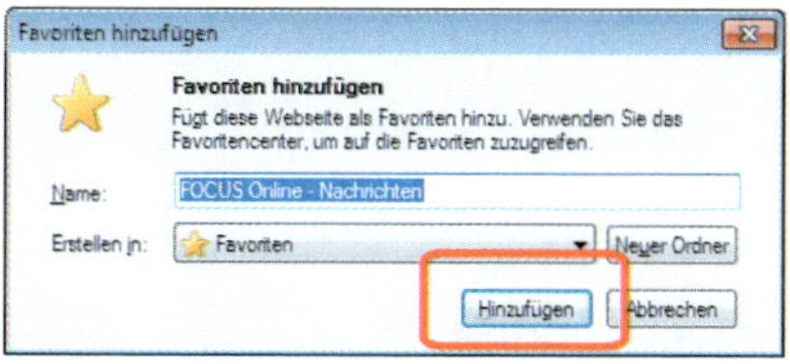

2 Klicken Sie in dem folgenden Fenster einfach auf die Schaltfläche *Hinzufügen*.

3 Möchten Sie eine Internetseite aufrufen, die Sie bereits als Favorit gespeichert haben, klicken Sie auf die Schaltfläche *Favoriten*. Es erscheint eine Liste aller gemerkten Seiten, auch die eben hinzugefügte ist dabei. Klicken Sie einfach den gewünschten Eintrag an.

Schnellzugriff für besonders wichtige Internetseiten

Noch schneller können Sie eine Internetseite aufrufen, wenn Sie diese über das Symbol *Zu Favoritenleiste hinzufügen* (ein gelber Stern mit einem grünen Pluszeichen) speichern.

Mehrere Webseiten beim Surfen in perfekter Übersicht mit Registern

Sie möchten mehrere Internetseiten besuchen und diese immer im Blick behalten? Kein Problem, mit dem Internet Explorer können Sie jede Seite in einem eigenen Register anzeigen und bequem mit einem Mausklick zwischen den Webseiten wechseln. Damit erreichen Sie eine optimale Übersicht, auch wenn Sie viele Internetseiten gleichzeitig aufgerufen haben.

Eine Seite in einem neuen Register öffnen

1 Klicken Sie in der Registerkartenreihe direkt unter der Adresszeile auf die Schaltfläche *Neue Registerkarte*. Über die Tastatur können Sie auch die Tastenkombination [Strg]+[T] verwenden.

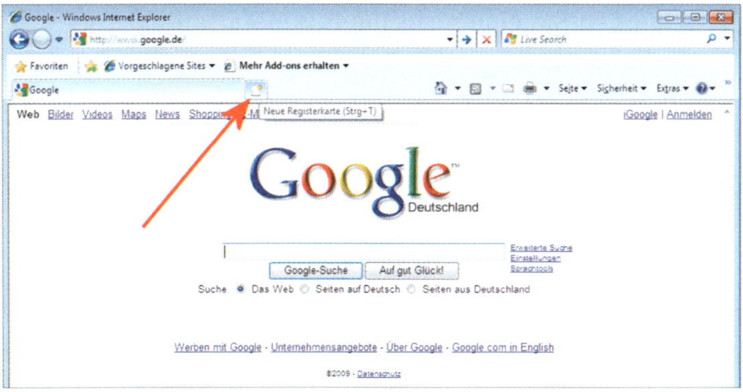

2 Geben Sie in der Adresszeile den gewünschten Link ein. Die neue Seite wird im gleichen Fenster in einer neuen Registerkarte angezeigt.

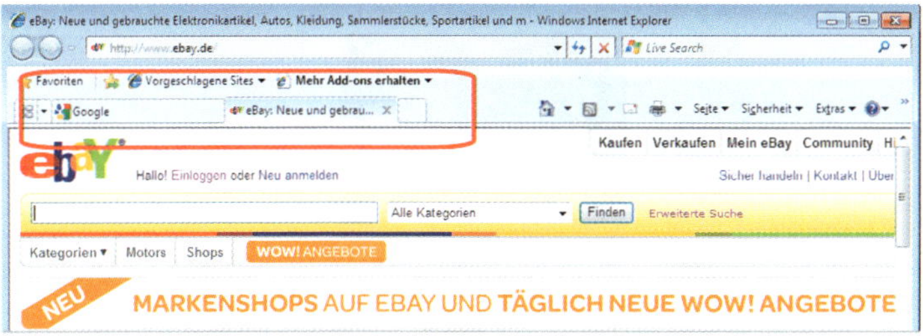

3 Verfahren Sie wie in Schritt 2, um weitere Internetseiten zu öffnen. Mit der Maus wechseln Sie mit einem einfachen Klick schnell zwischen den geöffneten Seiten.

4 Schließen Sie eine nicht mehr benötigte Registerkarte mit der Schaltfläche *X* neben der Namensanzeige der aufgerufenen Internetseite.

Weiterführende Links in einem neuen Register anzeigen lassen

Möchten Sie einen interessanten Link auf einer Internetseite betrachten, ohne die Hauptseite zu verlassen, nutzen Sie auch hierbei ein neues Register. Klicken Sie mit der rechten Maustaste auf den Link und wählen Sie den Befehl *In neuer Registerkarte öffnen*.

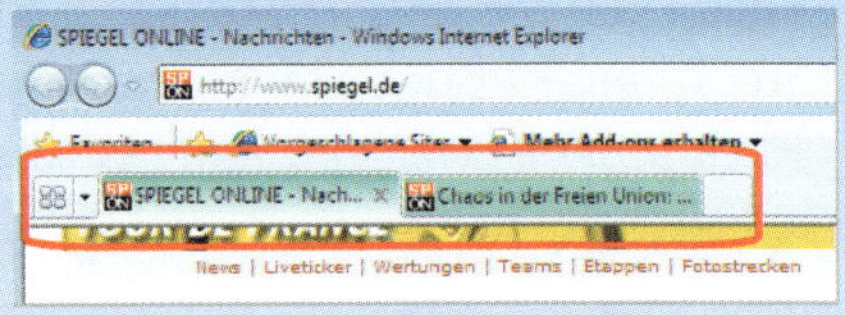

Sie erhalten nun eine Registerkarte mit dem gewünschten Artikel, und die Hauptseite (in diesem Beispiel Spiegel Online) bleibt weiter bestehen.

Übrigens markiert der Internet Explorer die Registerkarten zugehöriger Seiten mit der gleichen Farbe. So können Sie immer erkennen, welche Ihrer Registerkarten zu einem Thema gehören.

Die perfekte Übersicht über alle Registerkarten

Sollten Sie einmal so viele Register geöffnet haben, dass Sie diese nicht mehr anhand des Textes auf den Registerkarten erkennen können, helfen Ihnen zwei Übersichtsfunktionen, die *Schnellregisterkarten* und die *Registerkartenliste*, weiter.

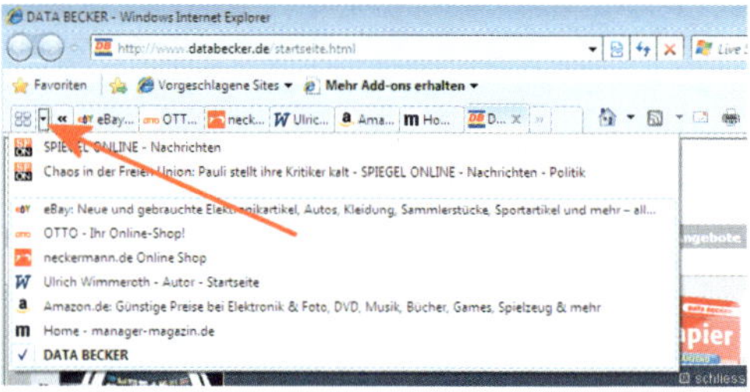

1 Klicken Sie auf den Auswahlpfeil links von den Registerkarten, damit rufen Sie die Registerkartenliste auf. Klicken Sie einfach den Listeneintrag an, den Sie angezeigt bekommen möchten.

2 Über die Schaltfläche *Schnellregisterkarten* ganz links rufen Sie mit einem Mausklick eine Miniaturübersicht aller Register auf. So können Sie ganz bequem zu der Internetseite wechseln, die Sie benötigen.

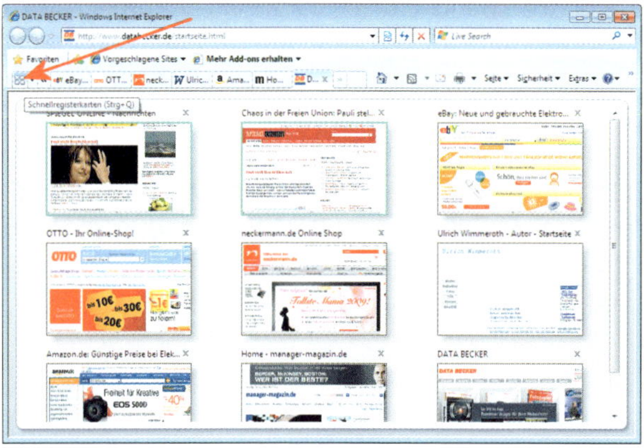

Ihre letzte Sitzung erneut anzeigen

Sie können, wenn Sie Ihre Arbeit für eine Weile unterbrechen müssen, mit der gleichen Zusammenstellung von Registerkarten beim nächsten Start des Internet Explorer weitermachen.

Wählen Sie dazu nach dem Aufrufen aus dem Menü *Extras* den Befehl *Letzte Browsersitzung erneut öffnen* aus. Aber Achtung: Das gilt nur für die letzte geschlossene Sitzung. Möchten Sie dauerhaft Ihre Internetseiten speichern, nutzen Sie die Möglichkeit Favoriten zu erstellen.

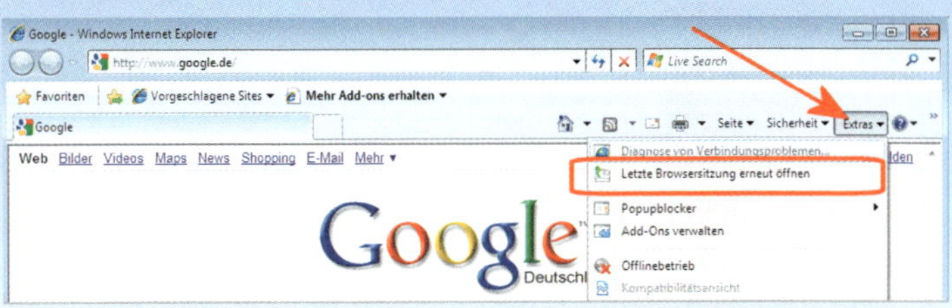

Onlinebanking ohne Sorgen mit dem SmartScreen-Filter

Als Phishing, was soviel wie „abgreifen" oder „abfischen" bedeutet, bezeichnet man die Methoden, die Zugangsdaten wie Kontonummer, PIN (**P**ersönliche **I**dentifikations-**N**ummer) und TAN (**T**rans**a**ktions**n**ummer) für das Onlinebanking ausspionieren.

Mit gefälschten E-Mails werden arglose Benutzer auf extra vorbereitete Internetseiten gelockt und sollen dazu bewegt werden, Ihre persönlichen Daten einzugeben. Diese werden dann von den oftmals gut organisierten Betrügerbanden abgefangen und dazu benutzt, Beträge auf ein Konto in einem entlegenen Winkel der Welt zu transferieren.

Beispiel einer Phishing-Mail

Volksbanken Raiffeisenbanken

Sehr geehrte Kundin, sehr geehrter Kunde,

Die Technischen Abteilung der Volksbanken Raiffeisenbanken führt zur Zeit eine vorgesehene Software-Aktualisierung durch, um die Qualität des Online-Banking-Service zu verbessern.

Wir möchten Sie bitten, unten auf den Link zu klicken und Ihre Kundendaten zu bestätigen.

http://www.volksbank.de/networld/onlineid1737534/kunde.html

Wir bitten Sie, eventuelle Unannehmlichkeiten zu entschuldigen, und danken Ihnen für Ihre Mithilfe.

Der Internet Explorer verfügt über eine Warn-Funktion, den SmartScreen-Filter, der den Betrügern das Handwerk erschwert. Standardgemäß ist der SmartScreen-Filter aktiviert, und bereits beim Aufruf einer möglicherweise gefährlichen Seite wird vor dem Zugriff gewarnt.

Eine Internetseite mit dem SmartScreen-Filter manuell überprüfen

Sind Sie sich unsicher, ob es sich bei der Seite um eine Fälschung handelt, erhalten aber keine direkte Warnung, führen Sie eine manuelle Überprüfung durch.

1 Rufen Sie die Ihnen zweifelhaft vorkommende Internetseite auf und klicken Sie auf das Menü *Sicherheit* oben rechts im Internet Explorer. Wählen Sie hier den Unterpunkt *SmartScreen-Filter/Diese Website überprüfen*.

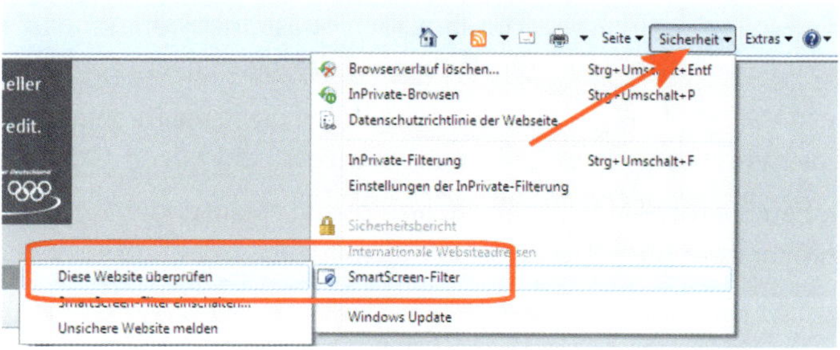

2 Die Internetseite wird jetzt blitzschnell mit dem Bestand an gemeldeten Phishing-Seiten abgeglichen. In der Regel werden Sie eine Entwarnung bekommen.

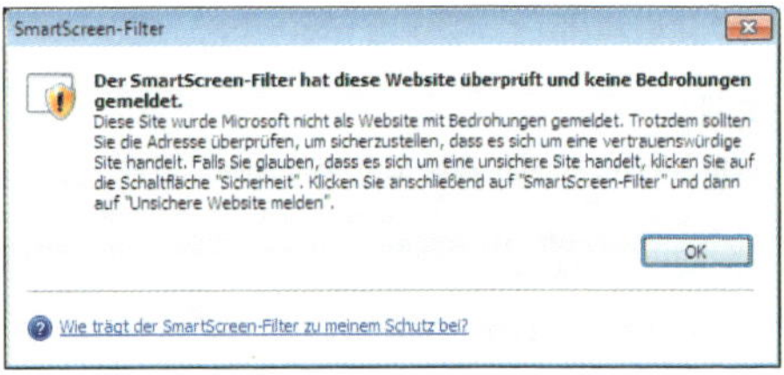

Allerdings stellt dies noch keine 100%-ige Sicherheit dar, da die Seite möglicherweise noch nicht von jemand anderem als eine Phishing-Seite erkannt und gemeldet wurde. Sie sollten also unbedingt die nachfolgenden Tipps beherzigen.

Umgang mit dem Onlinebanking

Oftmals sind die speziell präparierten Internetseiten der Betrüger nur wenige Tage oder gar Stunden online. Möglicherweise zu kurz, um bei der Überprüfung als gefährlich angezeigt zu werden. Ein paar essentielle Vorsichtsmaßnahmen schützen Sie vor finanziellen Verlusten.

Nutzen Sie die Weiterleitung zum Onlinebanking über die Startseite Ihrer Hausbank.

Seien Sie grundsätzlich skeptisch, wenn Sie in einer Mail aufgefordert werden, sich zu legitimieren und dabei Kontonummer, PIN und TAN eingeben zu müssen. Das riecht schon nach Betrug, eine solche Mail würde niemals von Ihrer Bank gesendet werden. Fragen Sie im Zweifelsfall bei Ihrer Hausbank telefonisch nach.

Lesen Sie die Mail genau: In der Regel sind diese mit Rechtschreibfehlern und schlechter Grammatik gespickt.

Geben Sie NIEMALS Ihre Daten am Telefon einem angeblichen Mitarbeiter Ihrer Bank preis.

Schutz der Privatsphäre beim Surfen

Während Sie im Internet surfen, werden Ihre Anlaufstellen sehr genau festgehalten. Die besuchten Seiten werden in einem Verlauf aufgezeichnet, Webseiten können kleine Dateien (die sogenannten Cookies) auf Ihrem Computer abspeichern und Sie so wiedererkennen, oder Teile der besuchten Webseiten werden auf Ihrem PC gespeichert. Ohne große Mühe kann jemand anderer nachvollziehen, was Sie gemacht haben. Eine Anonymisierungsfunktion mit dem Namen InPrivate schützt Ihre Privatsphäre.

1 Rufen Sie aus dem Menü *Sicherheit* oben rechts im Internet Explorer den Befehl *InPrivate-Browsen* auf.

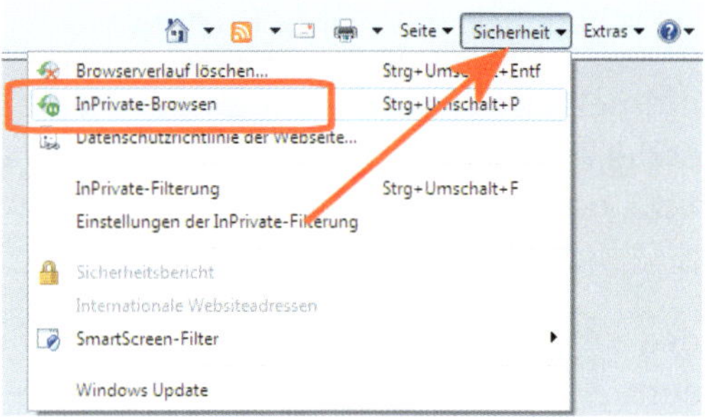

2 Es öffnet sich ein neues Browser-Fenster. Geben Sie hier wie gewohnt die Adresse der Internetseite ein, die Sie besuchen möchten. Dass die Aufzeichnung Ihres Surfverhaltens verhindert wird, erkennen Sie an dem zusätzlichen Indikator *InPrivate* links der Eingabezeile.

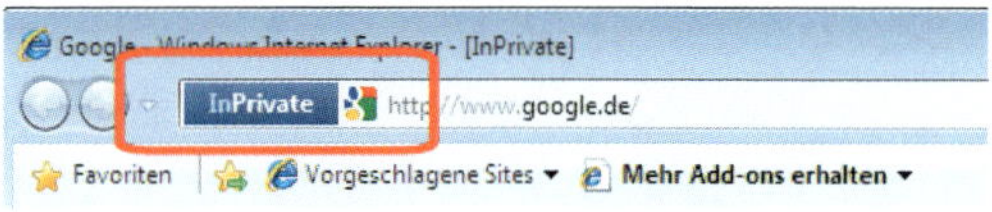

6. Schnelle Kommunikation mit E-Mail nutzen

Jetzt können Sie problemlos im Internet surfen und Nachrichten lesen, bequem einkaufen und Ihre Bankgeschäfte in Ruhe vom Arbeitszimmer aus erledigen. Eine weitere wichtige Funktion ist das Schreiben und Empfangen von Nachrichten, mit einem kostenlosen Programm und einer Internetverbindung können Sie schnell alle Vorzüge der elektronischen Post, der E-Mail, genießen.

Windows Mail aus dem Internet herunterladen und installieren

Ein sehr gutes und kostenloses E-Mail-Programm bietet Ihnen Microsoft zum Herunterladen aus dem Internet an. In ein paar Minuten können Sie schon Ihre erste E-Mail schreiben.

1 Rufen Sie die Internetseite von Live.com, einem Dienst von Microsoft, unter der Adresse *http://download.live.com* auf. Beachten Sie bitte, dass bei der Adresse kein *www* verwendet wird.

2 Klicken Sie auf den Eintrag *Mail*, den Sie direkt auf der Startseite finden.

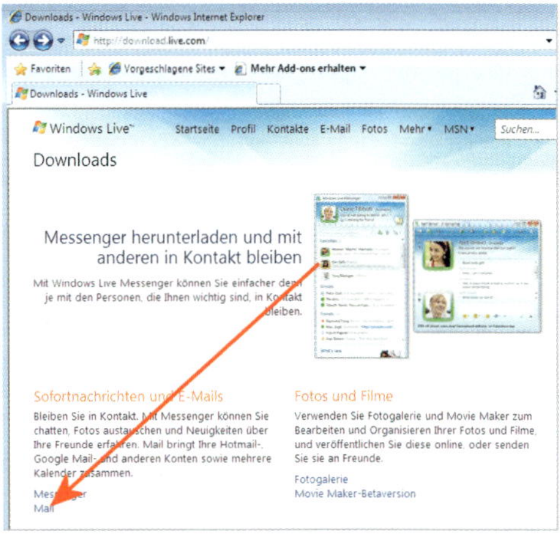

3 Klicken Sie nun auf die Schaltfläche *Download*.

4 Bestätigen Sie das folgende Fenster mit der Schaltfläche *Ausführen* und erlauben Sie den Zugriff bei der folgenden Sicherheitsabfrage von Windows.

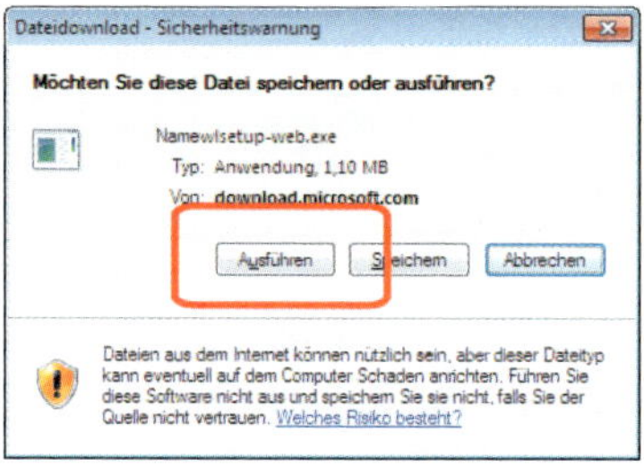

5 Es erscheint nach wenigen Augenblicken eine Übersicht aller von Microsoft angebotenen Programme. Deaktivieren Sie alle Einträge, außer dem Eintrag *Mail*. Ansonsten wird Ihnen eine Menge möglicherweise nicht benötigter Software auf Ihrem Computer mitinstalliert. Mit einem Klick auf die Schaltfläche *Installieren* starten Sie den Vorgang.

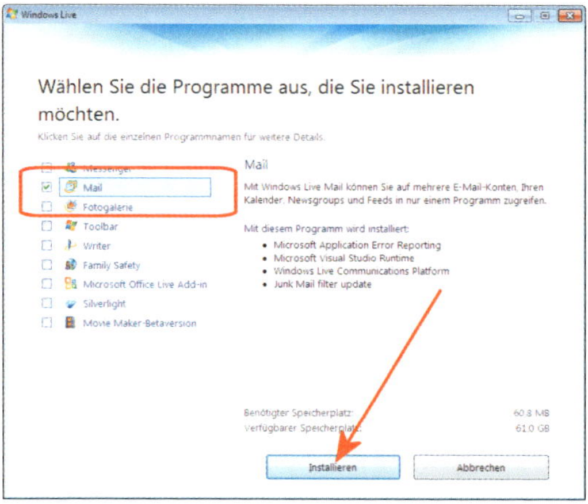

6 Schon nach ein paar Minuten und noch zwei kurzen Bestätigungs-Klicks von Ihnen steht Ihnen das Programm Live Mail zur Verfügung. Sie finden es, wenn Sie unten links auf den Start-Knopf klicken.

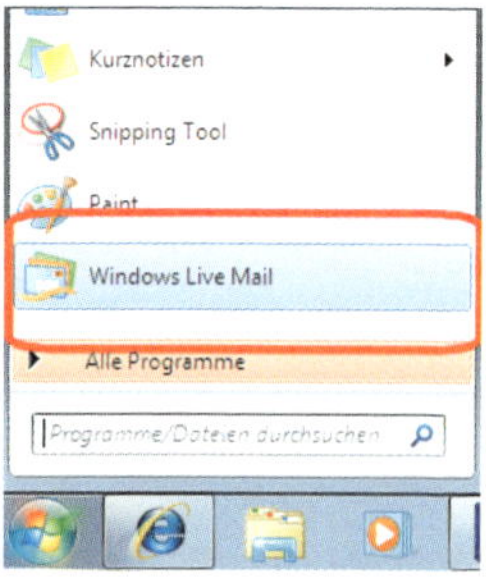

Schneller Zugriff auf Windows Live Mail

Das E-Mail-Programm wird schnell zu einer von Ihnen sehr häufig benutzen Software werden. Mit einem kleinen Kniff können Sie sich eine Menge Zeit sparen und das Symbol direkt auf Ihre Taskleiste legen. Klicken Sie dazu mit der rechten Maustaste auf das Symbol für Windows Live Mail und wählen Sie den Befehl *An Taskleiste anheften*.

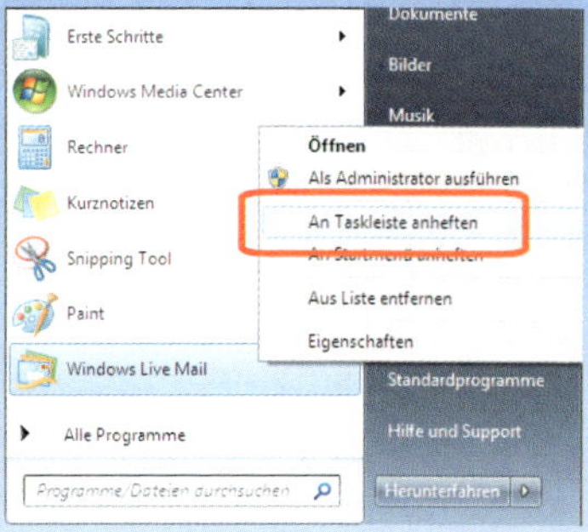

Ab sofort können Sie dann Live Mail mit einem Klick aus der Taskleiste heraus starten.

Schnell bereit für Kommunikation: ein E-Mail-Postfach einrichten

Bevor Sie nun Ihre erste Mail schreiben können, müssen Sie Windows Mail einrichten. Sie benötigen dazu die Unterlagen Ihres Internetanbieters. Hier finden Sie die notwendigen Angaben wie Ihre *E-Mail-Adresse*, Ihren *Benutzernamen* und Ihr *Passwort*.

1 Starten Sie das Programm Windows Live Mail. Wenn Sie dem Tipp im letzten Abschnitt gefolgt sind, ganz einfach mit einem Klick auf das Symbol. Ansonsten finden Sie das Programm unter *Start – Alle Programme*.

2 Klicken Sie auf der linken Seite auf den Eintrag *E-Mail Konto hinzufügen*.

3 Geben Sie im nun folgenden Schritt Ihre E-Mail-Adresse und Ihr Passwort ein. Diese haben Sie von Ihrem Anbieter, in diesem Beispiel T-Online in einem Schreiben zugewiesen bekommen. Klicken Sie auf die Schaltfläche *Weiter*.

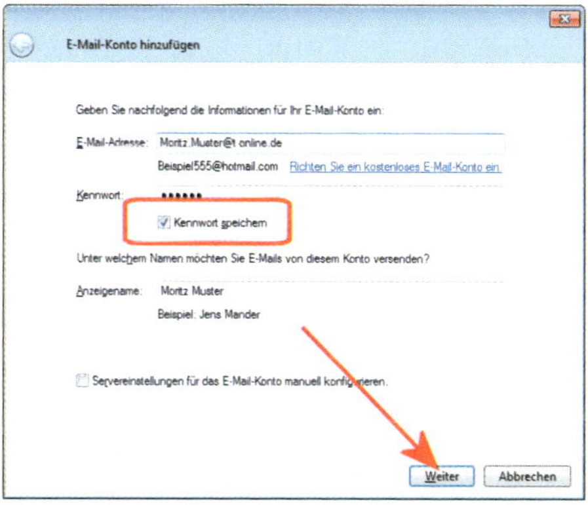

Kennwort speichern

Aktivieren Sie die Box *Kennwort speichern*, so müssen Sie das Kennwort nicht bei jedem Senden und Empfangen von E-Mails immer wieder erneut eingeben.

Wie sieht eine E-Mail-Adresse aus – keine Umlaute verwenden

Eine E-Mail-Adresse ist immer nach einem festgelegten Schema aufgebaut. Zuerst kommt der Benutzername, meistens Ihr Vor- und Zuname. Danach folgt zwingend das ÄT-Zeichen (@). Dieses finden Sie auf Ihrer Tastatur, indem Sie zuerst die [AltGR]-Taste (rechts neben der Leertaste) und gleichzeitig den Buchstaben [Q] drücken. Schlussendlich folgt nun der Name Ihres Internetanbieters, beispielsweise t-online.de, netcologne.de, arcor.de etc. Beachten Sie aber bitte, dass Umlaute wie ä, ö oder ü nicht vorkommen dürfen, sondern durch ae, ue und oe ersetzt werden. Zum Beispiel Ruediger für Rüdiger.

4 Bei bekannten Anbietern, wie zum Beispiel T-Online werden alle weiteren Einstellungen automatisch von Windows Live Mail vorgenommen, und Ihr Konto ist fertig eingerichtet.

5 Nutzen Sie einen Windows nicht bekannten Anbieter, erscheint automatisch ein neues Fenster. Nun brauchen Sie die Namen des Posteingangs- und des Postausgangsservers. Beachten Sie dazu bitte die folgende Tipp-Box.

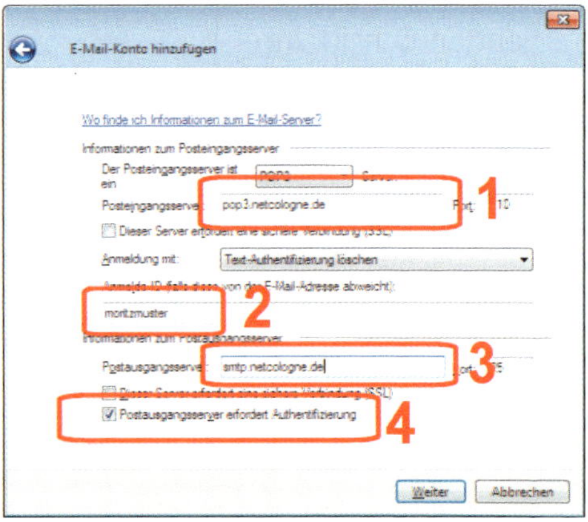

Am Beispiel des Anbieters Netcologne werden die Angaben so eingetragen: Der Posteingangsserver beginnt immer mit der Bezeichnung *pop* oder *pop3* (1), der Postausgangsserver immer mit *smtp* (3). Danach folgt der Name Ihres Anbieters. In diesem Beispiel also *pop3.netcologne.de* und *smtp.netcologne.de*, wie auf der Abbildung zu sehen. Ihre Anmelde-ID (2) kann Ihre E-Mail-Adresse sein oder ein Benutzername, der Ihnen mitgeteilt wurde. Aktivieren Sie die Option *Postausgangsserver erfordert Authentifizierung*. Klicken Sie anschließend auf *Weiter*.

6 Geschafft: Klicken Sie noch einmal auf *Fertig stellen*, und Sie sind bereit, um E-Mails zu senden und zu empfangen.

Hilfe aus dem Internet

Den Namen von Posteingangs- und Postausgangsserver finden Sie meistens auch in dem Schreiben Ihres Anbieters. Sollte das nicht der Fall sein, besuchen Sie den Servicebereich der Internetseite Ihres Providers. Dort finden Sie die Angaben schnell, bei der Telekom zum Beispiels unter der Internetadresse *http://hilfe.telekom.de/hsp/cms/content/HSP/de/3378/faq-55746561*. Für Nutzer von Netcologne ist die Adresse *http://www.netcologne.de/privatkunden/service/e-mail-konfiguration.html* die richtige Anlaufstelle.

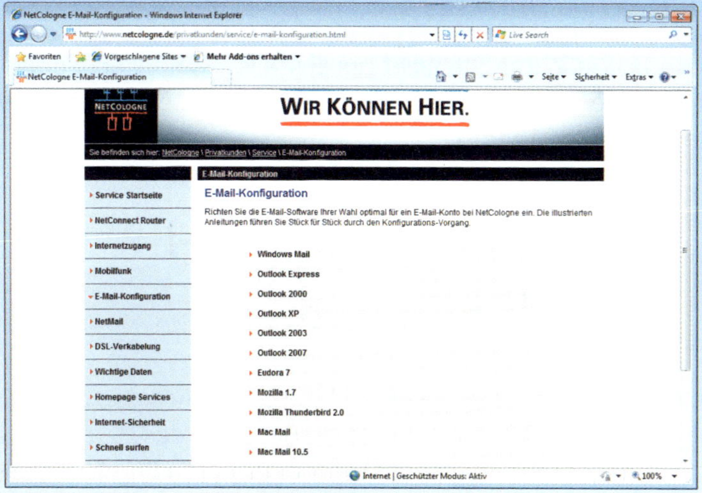

Groß- und Kleinschreibung der E-Mail-Adresse

Es ist unerheblich, ob Sie Ihren *Benutzernamen* und den *Anbieter* in Groß- oder Kleinbuchstaben (auch gemischt) eingeben. Solange es sich um eine gültige Anschrift handelt, können Sie problemlos elektronische Post verschicken und erhalten.

Die erste E-Mail schreiben und empfangen

Wenn Sie neue Nachrichten abrufen möchten, klicken Sie einfach auf den Eintrag *Synchronisieren* in der Befehlszeile am oberen Bildschirmrand. Ihre neue Post finden Sie dann links in den Ordnern *Posteingang* und *Ungelesene E-Mails*.

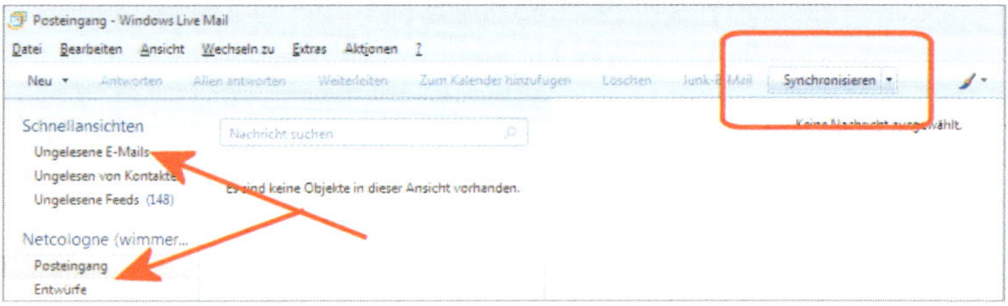

Natürlich möchten Sie nicht nur E-Mails empfangen, sondern auch selber welche Schreiben. So einfach erstellen Sie Ihre erste elektronische Post.

1 Klicken Sie oben links auf den Auswahlpfeil neben dem Wort *Neu* und wählen Sie den Eintrag *Neue E-Mail*.

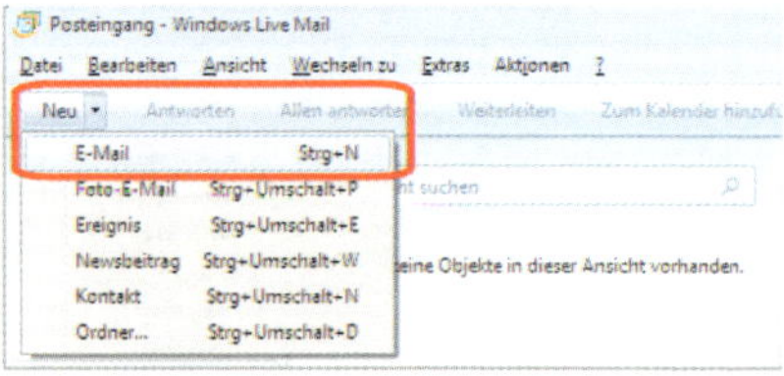

2 Geben Sie in dem Feld *An* (1) die E-Mail-Adresse des Empfängers ein. Schreiben Sie einen Betreff in das gleichnamige Feld (2). Ihren Text geben Sie in dem leeren Bereich (3) ein. Klicken Sie auf *Senden*, um die Nachricht abzuschicken.

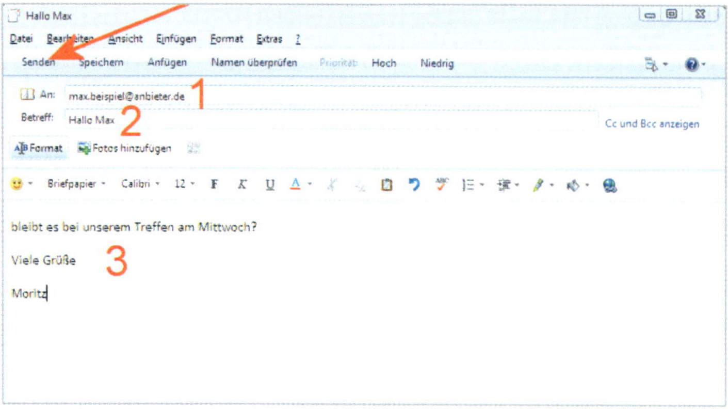

E-Mails einfach weiterleiten

Genauso einfach ist es, eine erhaltene Nachricht an eine andere Person weiterzuleiten. Beispielsweise um einen Termin ohne viel Schreibarbeit auch anderen mitzuteilen.

1 Markieren Sie die weiterzuleitende Nachricht in der Übersicht und klicken Sie auf die Schaltfläche *Weiterleiten*.

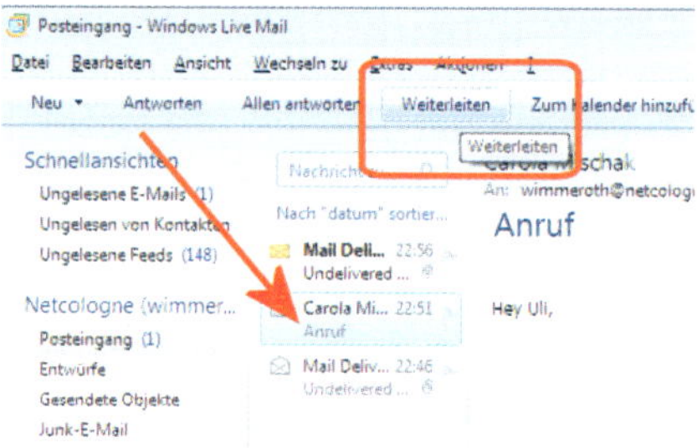

2 Geben Sie, wie bei einer neuen E-Mail, die Adresse eines anderen Empfängers ein. Klicken Sie zum Weiterleiten auf die Schaltfläche *Senden*.

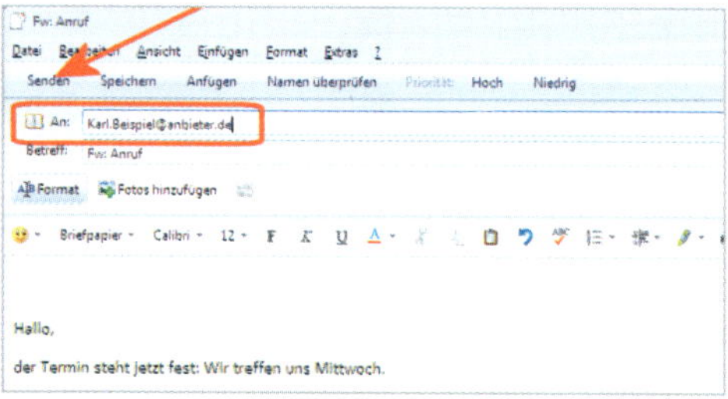

Bilder, Fotos und Texte per E-Mail versenden

Sicherlich möchten Sie auch mehr als nur ein paar Textgrüße versenden. Ganz einfach können Sie Urlaubsfotos und Textdateien einer E-Mail anhängen und so schnell zum Empfänger bringen.

1 Erstellen Sie eine neue E-Mail und klicken Sie unter *Einfügen* auf den Befehl *Datei als Anlage*.

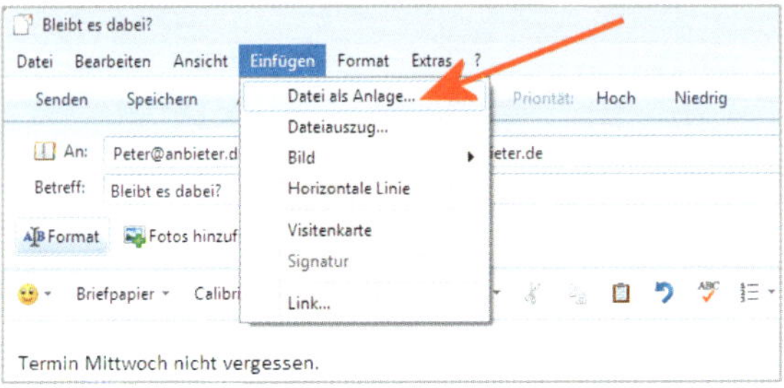

2 Es öffnet sich ein neues Fenster. Suchen Sie hier das Verzeichnis, in dem sich die gewünschte Datei befindet, und markieren Sie die gewünschte Datei, in diesem Beispiel ein Foto. Klicken Sie nun rechts unten auf die Schaltfläche *Öffnen*.

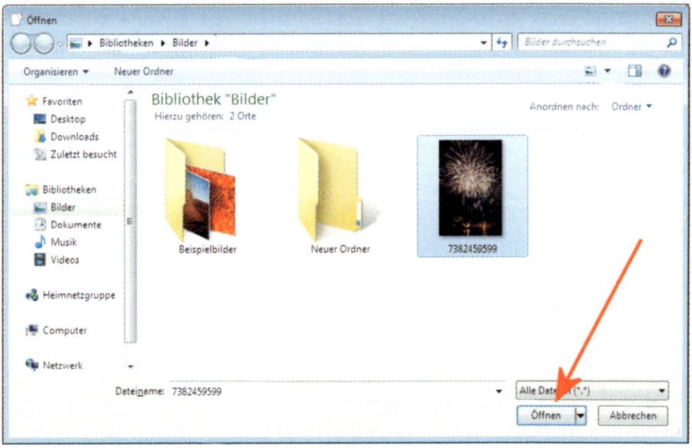

Bilder schnell in eine E-Mail einfügen

Klicken Sie auf die Schaltfläche *Fotos hinzufügen*, um ein oder mehrere Bilder Ihrer E-Mail hinzuzufügen.

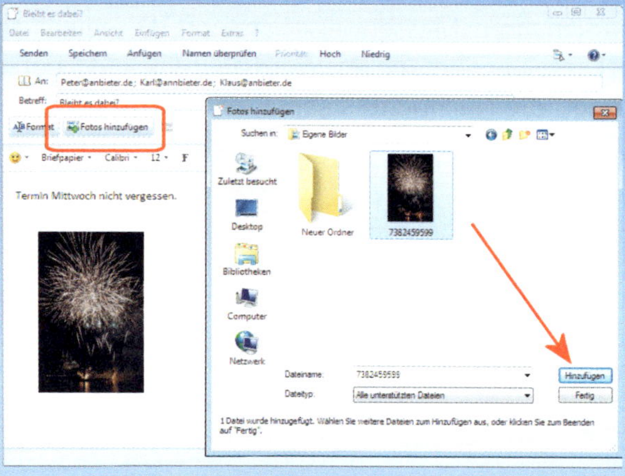

Sie können nun Ihre eingefügten Bilder in der E-Mail bearbeiten, beispielsweise mit einem Rahmen versehen und einen Text eingeben. So können Sie ganz bequem und professionell Ihre Fotos versenden.

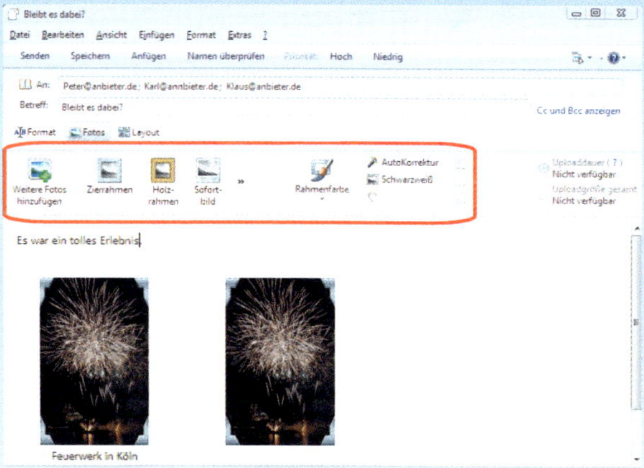

Spam-Mails nerven: Windows Mail zur Abwehr einrichten

Sie werden leider schnell feststellen, dass Sie auch bald unerwünschte Post in Ihrem elektronischen Brieffach vorfinden. Dubiose Medikamentenangebote, Raubkopien von Software und gefälschte Markenuhren: Massenweise verstopft Werbemail den Posteingang. Diese ungebetene Post wird als Junk, auf Deutsch Müll, bezeichnet, die Nachrichten somit als Junk-Mails.

Beispiel einer Junk-Mail und eine Warnung

Niemals sollte man Medikamente über eine Werbemail bestellen. Benötigen Sie Arzneien, suchen Sie einen Arzt auf und bestellen bei einer offiziellen Internet-Apotheke Ihre Mittel. Sie können davon ausgehen, dass die Präparate, die in solchen Mails angeboten werden, gefälscht sind.

Windows Live Mail schützt automatisch vor Spam

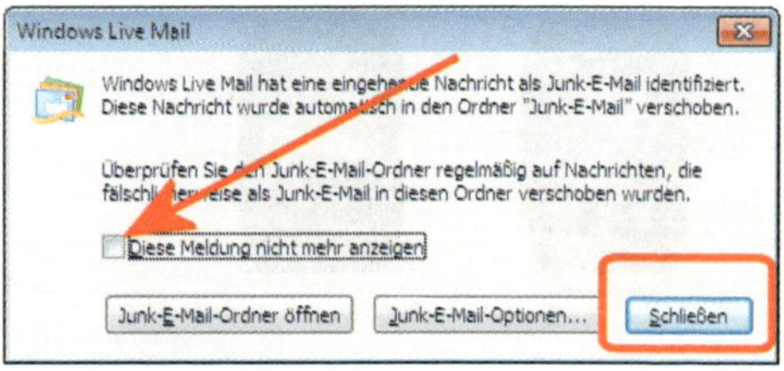

Schon beim Abrufen der Nachrichten durchsucht das Programm Live Mail die E-Mails nach möglichem Spam. Wird eine Mail als Müll erkannt, erscheint eine Nachricht, die Sie mit der Schaltfläche *Schließen* bestätigen. Möchten Sie nicht jedes Mal diese Information sehen, aktivieren Sie einmalig die Option *Diese Meldung nicht mehr anzeigen*.

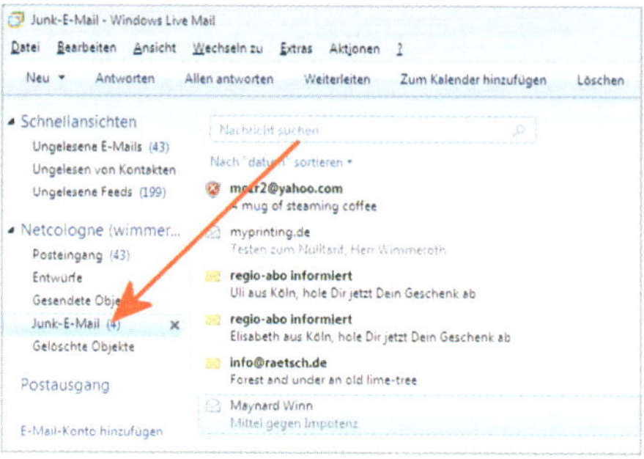

Die Spam-Nachrichten werden aber nicht automatisch gelöscht, sondern landen in einem separaten Ordner mit dem Namen *Junk-E-Mail* in der Anzeigeleiste links. Das ist auch sehr sinnvoll, da möglicherweise Nachrichten zu unrecht als Spam angesehen werden, Sie aber auf diese Mail warten. Schauen Sie sich erst den Inhalt des Ordners an, bevor Sie die Nachrichten löschen.

Einen Absender als erwünscht einordnen

Landen E-Mails eines bestimmten Absenders immer in dem Junk-E-Mail-Ordner, Sie haben diese aber explizit angefordert, können Sie den Spam-Status entfernen. Markieren Sie dazu einfach die E-Mail in dem Junk-Ordner und klicken Sie auf die Schaltfläche *Dies ist keine Junk-E-Mail*. Ab sofort finden Sie die Nachrichten wieder in Ihrem normalen Posteingang.

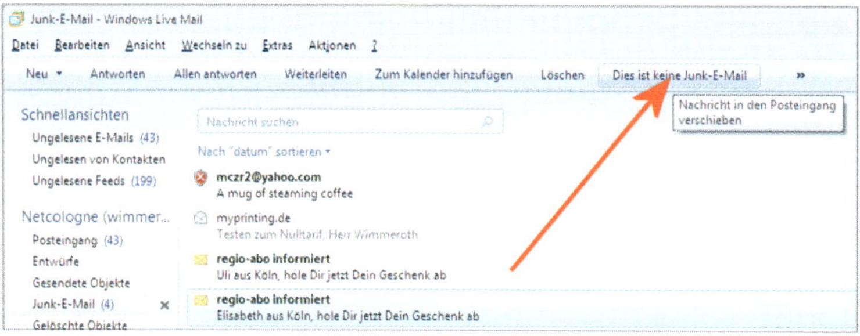

Legen Sie sich eine Zweit-E-Mail zu

Oftmals fragt man sich, woher denn die ganzen Anbieter von dubiosen Angeboten die E-Mail-Adresse bekommen haben. Die Antwort lautet oftmals: Adressenverkauf. Sobald Sie sich bei einem Service auf einer Internetseite registriert haben, besteht die potenzielle Gefahr, dass Ihre E-Mail-Adresse in falsche Hände gelangt. Für die Teilnahme an Gewinnspielen oder Anforderung von Informationen sollten Sie eine eigene Adresse nutzen. So halten Sie Ihre Standard-E-Mail-Adresse sauber. Gute und zuverlässige Anbieter stellen kostenlose Postfächer zur Verfügung. Zum Beispiel Web.de (*www.web.de*), natürlich Microsoft Live Mail, Yahoo! Mail (*www.yahoo.de*) oder auch Google (*www.google.de/mail*). Es spricht auch nichts dagegen, sich mehrere kostenlose Postfächer zuzulegen.

Auf die Schnelle: die besten Tipps & Tricks

Eine Lesebestätigung anfordern

Wenn Sie wissen möchten, ob eine E-Mail von Ihnen auch empfangen wurde, nutzen Sie im Menü *Extras* einer neuen Nachricht den Befehl *Lesebestätigung anfordern*.

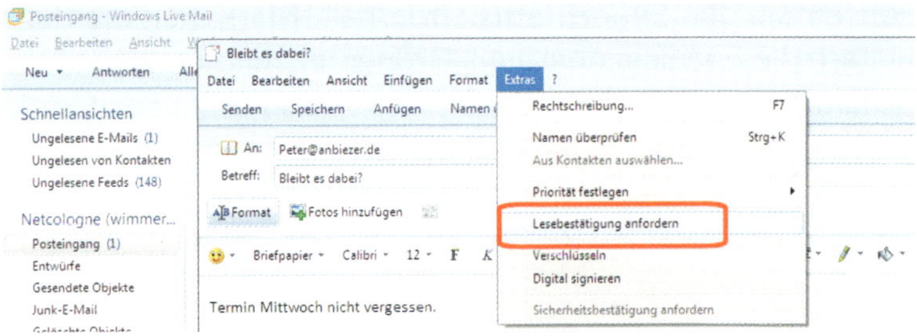

Der Empfänger bekommt dann Ihre Bitte beim Lesen Ihrer E-Mail angezeigt. Bestätigt er diese, wird Ihnen eine automatische E-Mail zugesandt, in der steht, wann die Mail angezeigt wurde.

Eine E-Mail an mehrere Empfänger senden

Sie können eine E-Mail auch gleich an verschiedene Empfänger senden. Das erspart viel Zeit und Tipparbeit, beispielsweise bei einer Einladung zu einem Familientreffen. Mehrere Empfänger trennen Sie immer mit dem Semikolon (;) voneinander.

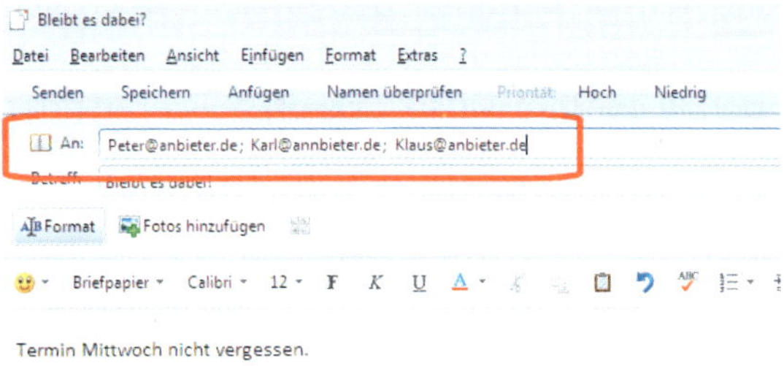

Die Felder Cc und Bcc

Die Eingabezeile mit der Bezeichnung *Cc*. Diese Abkürzung steht für **C**arbon **c**opy, also Durchschlag oder Kopie. Hier können Sie weitere Empfänger einer E-Mail eingeben, diese erhalten dann eine Kopie der E-Mail-Nachricht und auch eines Anhangs. *Bcc* steht für **B**lind **c**arbon **c**opy, also Blindkopie. Auch in dieses Feld können Sie einen weiteren Empfänger einer Nachricht eingeben. Der Unterschied: Die anderen Empfänger können nicht sehen, dass die Person im Bcc-Feld diese Nachricht auch erhalten hat. Um diese Eingabefelder anzeigen zu lassen, klicken Sie bei einer neuen E-Mail im Menü *Ansicht* auf den Eintrag *Cc und Bcc*.

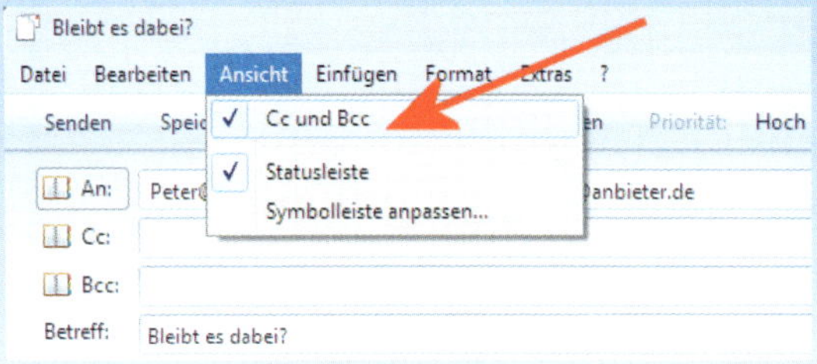

7. Musik abspielen und Videos anzeigen

Windows 7 enthält ein ausgezeichnetes und mächtiges Werkzeug zur Verwaltung und zum Abspielen von Audio- und Videoinhalten – den Windows Media Player in der allerneuesten Version 12. Die hohe Versionsnummer bedeutet, dass es sich hier um ein durchaus ausgereiftes und stabiles Programm handelt. Gleichgültig, ob Sie nur Ihre Musik-CDs organisieren oder Videos wiedergeben wollen – der Windows Media Player ist in allen diesen Aufgabengebieten zu Hause.

Den Media Player finden Sie im Startmenü unter *Alle Programme*.

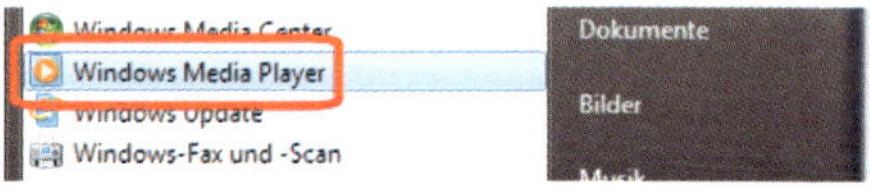

Der Media Player im schnellen Überblick

Sie werden sich im Windows Media Player sehr schnell zurechtfinden. Der Aufbau ist trotz der vielfältigen Funktionen einfach und schnell zu erfassen.

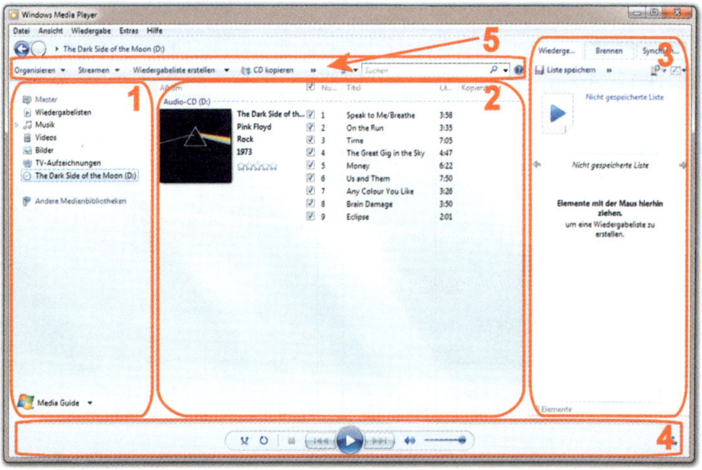

1 Navigationsbereich

Verwalten Sie hier Ihre Sammlungen von Medien in thematischen Bibliotheken.

2 Inhaltsbereich

Detailinformationen zu gespeicherten oder aktuell laufenden Medien finden Sie in diesem Abschnitt.

3 Listenbereich

Organisieren Sie in diesem Bereich die sogenannten Wiedergabelisten (lesen Sie dazu mehr ab Seite 103), brennen Sie eigene Musik-CDs (dazu erfahren Sie alles ab Seite 109, oder synchronisieren Sie Medieninhalte mit einem externen Gerät, zum Beispiel Ihrem MP3-Player (notwendige Informationen dazu finden Sie ab Seite 112).

4 Wiedergabesteuerung

Diese Symbole sind in Design und Funktion angelehnt an solche von stationären Wiedergabegeräten. Ganz rechts finden Sie ein Schaltsymbol für den Miniplayermodus.

5 Aufgabenleiste

Hier finden Sie Befehlsschaltflächen für die Organisation der Medieninformationen oder der Bibliotheken, für die Erstellung von Wiedergabelisten oder das Kopieren von CDs.

Am oberen Fensterrand finden Sie noch die Menüleiste. Diese können Sie mit der Tastenkombination [Strg]+[M] beliebig ein oder ausblenden.

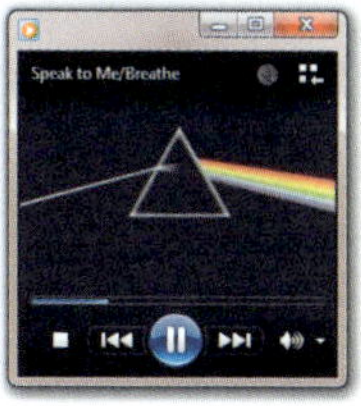

Die beschriebene Ansicht zeigt den sogenannten Bibliotheksmodus. Daneben existiert noch der Abspiel- oder Wiedergabemodus. Die Ansicht des Media Players ist dabei reduziert auf die Darstellung des aktuellen Inhalts, der

Wiedergabesteuerung und einiger, weniger Symbole. Bei der Wiedergabe einer Audio-CD wird, sofern verfügbar, das Album-Cover im Abspielmodus angezeigt.

Bei einem Video wird die Fenstergröße automatisch für die optimale Wiedergabequalität eingestellt. Eine Vollbilddarstellung erreichen Sie mithilfe der Schaltfläche am rechten unteren Fensterrand.

Alle Steuerungselemente werden nach kurzer Zeit ausgeblendet. Sie erscheinen jedoch sofort wieder, wenn Sie das Fenster mit dem Mauszeiger berühren.

Sollte der Wiedergabemodus nicht automatisch gestartet werden, können Sie ihn mithilfe dieser Schaltfläche einschalten.

In den Bibliotheksmodus zurück gelangen Sie mit dem entsprechenden Gegenstück.

Musik-CDs abspielen und in den Media Player übernehmen

Sobald Sie in Ihr CD bzw. DVD-Laufwerk eine Musik-CD einlegen, startet die Wiedergabe automatisch. Besteht eine aktive Internetverbindung, wird der Media Player versuchen, aus verschiedenen Datenbanken Informationen zu der CD zu finden. Dazu gehören beispielsweise der Titel des Albums und der einzelnen Musikstücke, der Interpret und Komponist, aber auch das Albumcover.

1 Starten Sie den Windows Media Player im Startmenü unter *Alle Programme*.

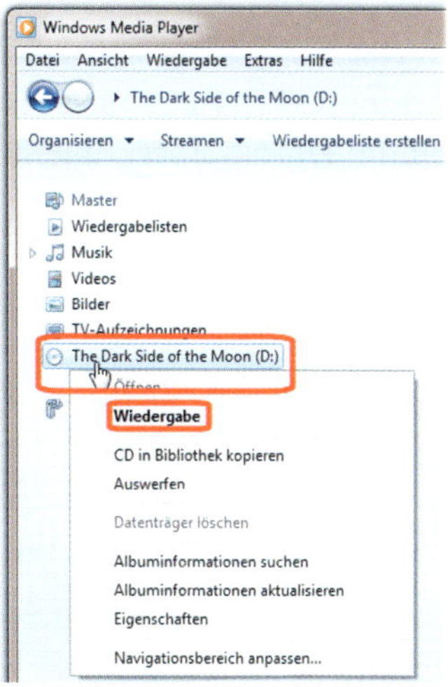

2 Legen Sie eine Musik-CD in das Laufwerk ein. Sollte die Wiedergabe nicht nach kurzer Zeit automatisch starten, klicken Sie im Navigationsbereich des Media Players, also im Bereich der Funktionen auf der linken Fensterseite, mit der rechten Maustaste auf das CD-Symbol, meist steht dort auch der Titel der eingelegten CD. Klicken Sie in dem Kontextmenü auf den Befehl *Wiedergabe*.

3 Im Inhalts- bzw. Listenbereich des Media Players sehen Sie jetzt eine Liste aller Titel der CD mit den Songtiteln, den Zeiten und dem Interpreten. Nach kurzer Zeit sollte auch das Albumcover angezeigt werden.

4 Die Wiedergabe der CD steuern Sie mit den Steuerungselementen.

Die Übernahme, das heißt das Kopieren einer Musik-CD auf die Festplatte Ihres PCs, ist eine Angelegenheit von nur wenigen Mausklicks. Sobald eine CD eingelegt und deren Inhalt angezeigt wird, erscheint in der Aufgabenleiste die Schaltfläche *CD kopieren*.

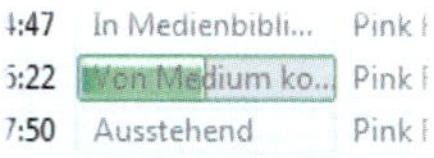

Der Kopiervorgang startet sofort mit dem ersten Titel der CD. Der Fortschritt des Kopiervorgangs wird durch einen grünen Balken in der Spalte *Kopierstatus* angezeigt.

Für eine komplette CD benötigt der Media Player je nach DVD-Laufwerk bis etwa zehn Minuten für den Kopiervorgang.

In der Standardeinstellung werden Audiodaten im Windows-eigenen Format Windows Media Audio, als Erweiterung *MWA* einem Dateinamen angehängt, gespeichert. Wollen Sie diese Einstellung verändern und zur Speicherung das platzsparende MP3-Format verwenden, verfahren Sie folgendermaßen.

1 Legen Sie die CD in das Laufwerk ein.

2 Maximieren Sie das Fenster des Media Players und klicken Sie in der Aufgabenleiste auf die Schaltfläche *Kopiereinstellungen*.

3 Klicken Sie in der aufklappenden Befehlsliste auf *Format* und in dem erweiterten Fenster auf *MP3*.

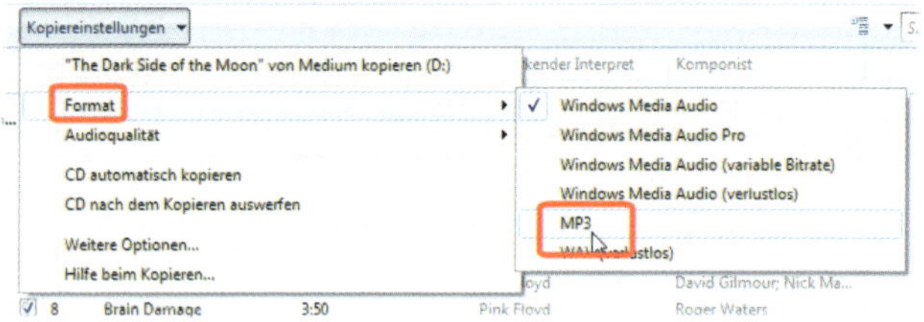

4 Erst jetzt starten Sie mit einem Klick auf *CD kopieren* den Kopier- und Speichervorgang.

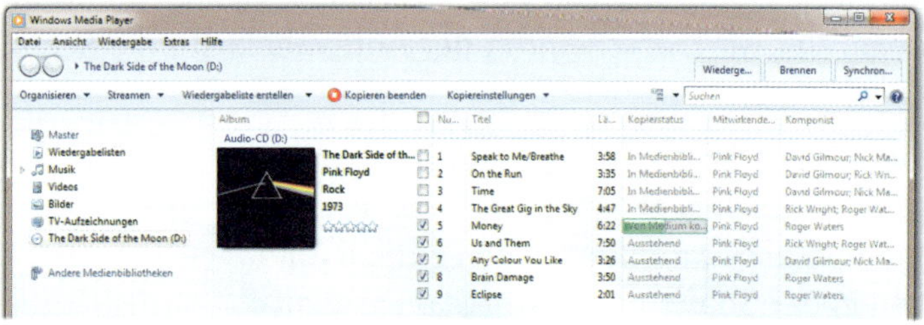

Qualtität ist gefragt

Die Wiedergabequalität von Musik hängt von der sogenannten Bitrate ab. Je höher sie ist, um so besser ist die Wiedergabe. Allerdings steigt mit der Bitrate auch der Speicherbedarf einer Datei. Die Qualität einer MP3-Datei ist bei einer Bitrate von 256 KBit/s schon sehr gut. Trotzdem ist die Datei auf knapp 20 % der Originalgröße reduziert.

5 Nach relativ kurzer Zeit finden Sie das gesamte Album in der Musikbibliothek. Klicken Sie dazu im Navigationsbereich auf die Bibliothek *Musik*. Die Liste ist standardmäßig alphabetisch sortiert, möglicherweise müssen Sie also ein wenig scrollen, um das neue Album zu finden.

Schneller Bildlauf

Verwenden Sie zum schnellen Blättern in größeren Listen das sogenannte Scrollrad Ihrer Maus. Rollen nach vorne scrollt den Fensterinhalt nach unten, rollen nach hinten scrollt nach oben.

Starten Sie die CD durch einen Doppelklick auf das Album-Cover. Einen einzelnen Song starten Sie durch einen Doppelklick auf den Songtitel.

Kurz hineinhören

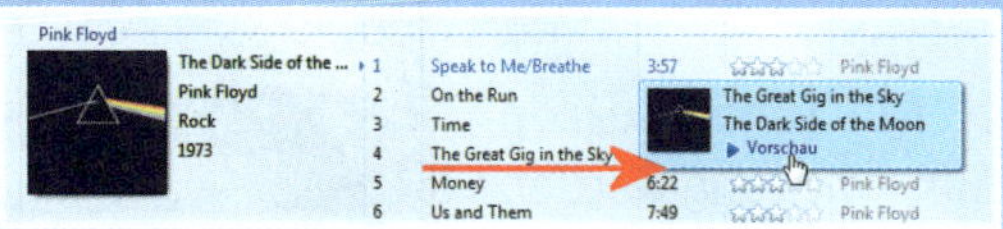

Führen Sie dazu den Mauszeiger einfach auf einen Songtitel. Nach kurzer Zeit erscheint rechts ein kleines Fenster mit dem Befehl *Vorschau*. Bewegen Sie die Maus in gerader Linie auf den Link und klicken Sie die linke Maustaste. Die Musik läuft, solange Sie den Mauszeiger auf diesem kleinen Fenster belassen.

Der Media Player als DVD-Abspieler

Mit einem guten und großen Breitbildmonitor sowie gleichfalls guten Lautsprecherboxen kann auch die Wiedergabe von DVD-Videos auf Ihrem PC ein Genuss sein. Der Media Player jedenfalls stellt alle notwendigen Möglichkeiten zur Verfügung.

Nach dem Einlegen einer Video-DVD startet die Wiedergabe nach kurzer Zeit automatisch. Ebenfalls automatisch erfolgt die Umschaltung in den Vollbildmodus. Die Auswahl aus dem Video-Menü erfolgt sehr einfach mithilfe der Maus.

Alle Steuerungselemente des Media Players stehen natürlich ebenfalls zur Verfügung, werden aber nach kurzer Zeit auch wieder ausgeblendet, um die Wiedergabe nicht zu stören. Mit einer kurzen Mausbewegung werden sie allerdings sofort wieder eingeblendet.

Videoeinstellungen ändern

Die Steuerelemente enthalten keine Möglichkeiten zur Beeinflussung der Bildeinstellungen wie Farbe, Helligkeit oder Kontrast. Diese Einstellungen finden Sie im Kontextmenü bei der Wiedergabe eines Videos.

1 Klicken Sie mit der rechten Maustaste in das Videobild und wählen Sie in dem Kontextmenü den Befehl *Erweiterungen*.

2 In dem erweiterten Menü klicken Sie auf *Videoeinstellungen*.

3 Mithilfe der Schieberegler können Sie die wichtigsten Einstellungen für die Wiedergabequalität vornehmen. Alle Einstellungen werden sofort wirksam und können mit einem Klick auf *Zurücksetzen* problemlos rückgängig gemacht werden.

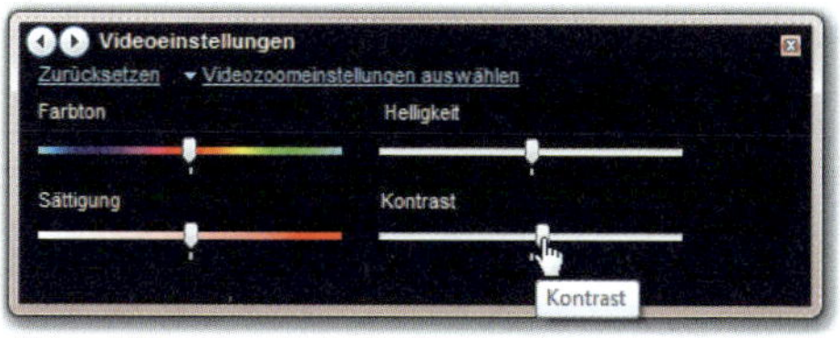

Wiedergabelisten: die perfekte Musikorganisation schnell erstellen und verwalten

Sie werden überrascht sein, nach welch kurzer Zeit sich Ihre Musikbibliothek immer mehr gefüllt hat. Dadurch steigt allerdings der Aufwand, Ihre aktuellen Lieblingshits immer wieder aus einzelnen Alben herauszusuchen und dann separat zu starten. Eine solche Aufgabe erledigen Sie mit dem Media Player und der Hilfe von sogenannten Wiedergabelisten tatsächlich innerhalb kürzester Zeit.

Eine Wiedergabeliste ist eine Anweisung an das Programm Musikstücke in einer bestimmten, von Ihnen festgelegten Reihenfolge abzuspielen.

So einfach ist die Erstellung einer Wiedergabeliste

Mithilfe von Wiedergabelisten steuern Sie sehr bequem die Wiedergabe Ihrer Musiksammlung. Von der einfachen Liste mit wenigen Lieblingshits bis hin zur komplexen Zusammenstellung für die 24-Stunden-Mammut-Fete, mit den Wiedergabelisten besitzen Sie ein äußerst flexibles Steuerungsinstrument. Besonders hervorzuheben ist, dass Sie die automatische Aufnahme von Musikstücken nach einer Vielzahl von Kriterien steuern können.

1 Starten Sie den Media Player und klicken Sie in der Aufgabenleiste auf *Wiedergabeliste erstellen*.

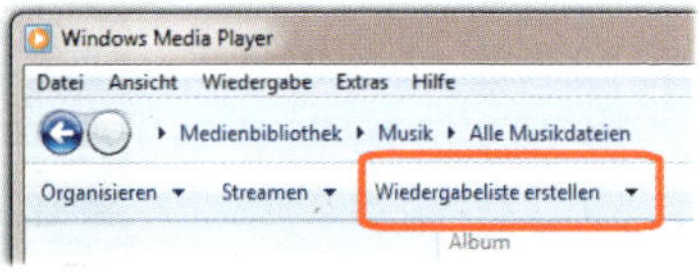

2 Im Navigationsbereich sehen Sie jetzt ein Feld, dass die Eingabe eines Namens für die neue Wiedergabeliste erfordert. Geben Sie den gewünschten Namen über die Tastatur ein und drücken Sie die [Enter]-Taste.

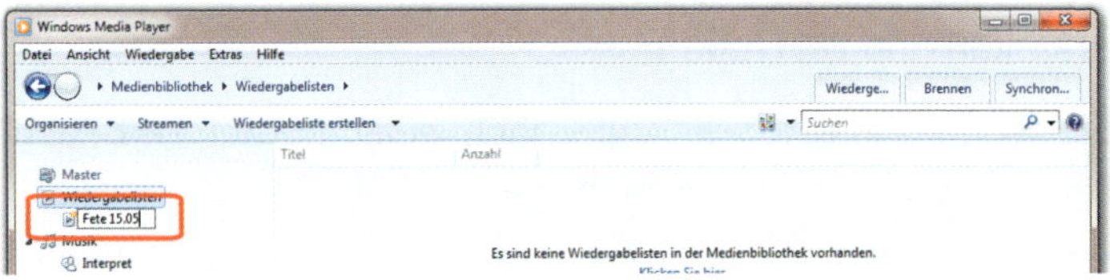

3 Öffnen Sie jetzt Ihre Musikbibliothek mit einem Klick auf *Musik*.

4 Die Aufnahme von Musiktiteln in die Liste erfolgt per Drag & Drop. Klicken Sie einen Titel, den Sie in die Wiedergabe-

liste übernehmen wollen, mit der linken Maustaste an, halten Sie die Maustaste gedrückt und ziehen Sie das Symbol auf den Namen der Wiedergabeliste. Lassen Sie dann die Maustaste los.

5 Wiederholen Sie den Vorgang, so oft Sie es wollen. Sie können auch ein komplettes Album in die Wiedergabeliste aufnehmen, indem Sie das Coversymbol auf den Namen der Liste ziehen.

6 Schon nachdem Sie den ersten Titel hinzugefügt haben, wird am rechten Fensterrand automatisch die Wiedergabeliste eingeblendet. Sie können natürlich alle Musikstücke statt auf den Namen der Wiedergabeliste im Navigationsbereich auch in diesen Inhaltsbereich der Wiedergabeliste ziehen. Wenn Sie mit Ihrer Auswahl zufrieden

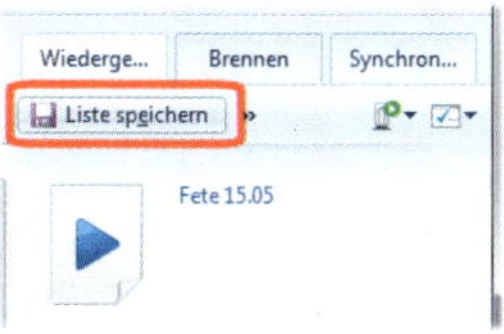

sind, müssen Sie die Liste noch speichern. Klicken Sie dazu im Listenbereich auf *Liste speichern*.

Diese Liste können Sie beliebig verändern. Auch spätere Veränderungen sind jederzeit möglich.

Vielleicht wollen Sie die Reihenfolge der Stücke neu arrangieren, der letzte Song der Liste soll an erster Stelle stehen? Markieren Sie einfach das letzte Stück und verwenden Sie Drag & Drop, um ihn an die erste Position zu ziehen.

Auch das Löschen einzelner Stücke ist einfach. Markieren Sie lediglich das gewünschte Stück und drücken Sie die Taste [Entf]. Gut zu wissen, dass Sie damit den Song lediglich aus der Liste und nicht von Ihrem Computer gelöscht haben.

Die eigene Hitliste blitzschnell automatisch erstellen

Mit der automatischen Erstellung von Wiedergabelisten verfügen Sie über eine perfekte Möglichkeit, die eigene Top-Ten-Liste oder eine automatisch gepflegte Liste Ihrer Lieblingsgruppe zu erschaffen. In dem folgenden Beispiel soll eine Liste der Top-Hits mit einer Bewertung von fünf Sternen erstellt werden.

1 Klicken Sie in der Aufgabenleiste des Media Players auf das kleine Dreieck neben der Schaltfläche *Wiedergabeliste erstellen*.

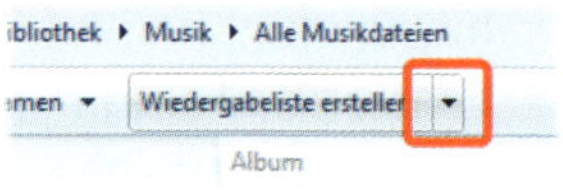

2 Wählen Sie in dem aufklappenden Menü den Befehl *Automatische Wiedergabeliste erstellen* mit einem Mausklick aus.

3 Geben Sie in dem folgenden Dialogfenster einen Namen für Ihre Wiedergabeliste ein (1) und klicken Sie danach auf das erste, grüne Pluszeichen (2).

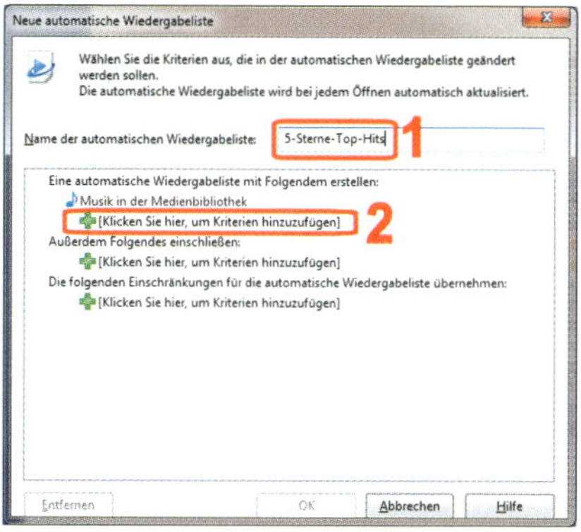

4 Aus der folgenden Liste wählen Sie den Punkt *Eigene Bewertung*.

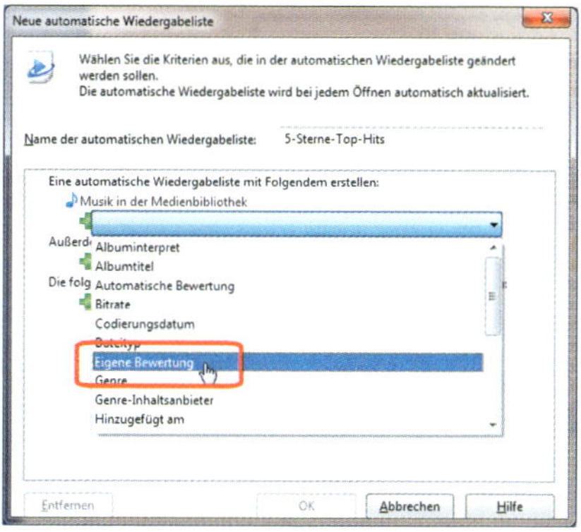

5 Für den nun angezeigten Bewertungsfilter stellen Sie jetzt noch mithilfe zweier Menüs zusätzliche Optionen ein. Da Sie nur Titel mit fünf Sternen in die Liste aufnehmen wollen, wählen Sie in der ersten Option *Ist gleich* und für die zweite natürlich *5 Sterne*.

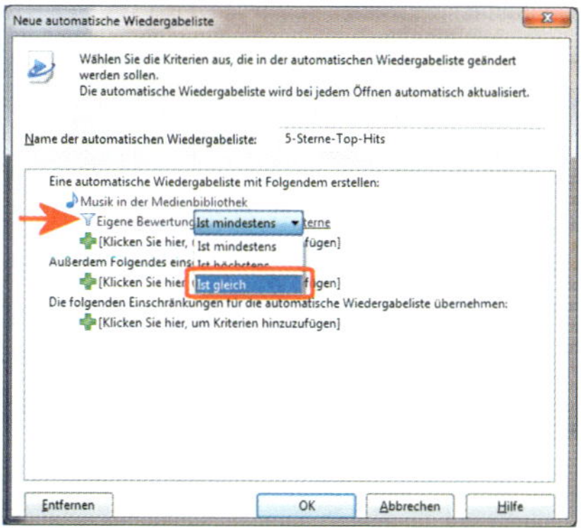

6 Mit einem Klick auf die jetzt aktive Schaltfläche *OK* schließen Sie die Erstellung dieser Wiedergabeliste ab.

Ihre neue Wiedergabeliste sehen Sie nun sowohl im Navigationsbereich als auch im Inhaltsbereich. Wenn Sie sich die Mühe machen wollen, zählen Sie ruhig nach – der Media Player hat tatsächlich alle zu diesem Zeitpunkt in der Bibliothek existierenden Songs mit einer Fünf-Sterne-Bewertung in diese Liste aufgenommen.

Der besondere Vorteil dieser automatischen Liste ergibt sich natürlich dann, wenn Sie beispielsweise neue Songs mit fünf Sternen bewerten. Diese werden eben automatisch in die Liste aufgenommen. Aber auch der umgekehrte Weg existiert. Sobald Sie einen Song neu bewerten und weniger als fünf Sterne vergeben, wird das Stück wieder aus der Liste entfernt, da es ja nicht mehr den definierten Kriterien entspricht.

Die Auswahlbedingungen einer Liste können Sie jederzeit beliebig bearbeiten und verändern. Klicken Sie dazu nur mit der rechten Maustaste auf den Namen der Liste im Navigationsbereich. Wählen Sie anschließend den Befehl *Bearbeiten*.

Experimentieren Sie ruhig mit den vielfältigen Möglichkeiten, die Ihnen besonders die Kombination von mehreren Auswahlkriterien bieten. Sollten die Möglichkeiten der Auswahl nicht ausreichen, so klicken Sie am Ende der Kriterienliste einfach auf *Weitere*. Die Auswahl im folgenden Fenster dürfte kaum Wünsche offen lassen.

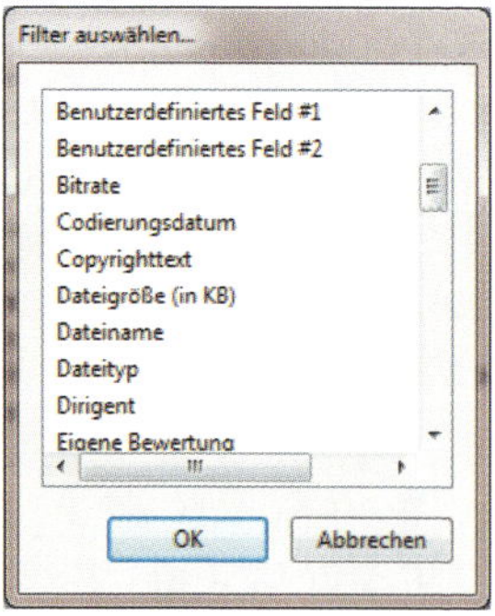

Brennen Sie doch, was Sie wollen – die eigene Musik- und MP3-CD selbst erstellen

Windows 7 ermöglicht natürlich das Speichern von Daten auf optische Datenträger wie CD oder DVD. Diese Funktion steht Ihnen auch im Media Player zur Verfügung. Damit stehen Ihnen alle Wege offen, beliebige Musik-CDs aus Ihren Wiedergabelisten oder manuellen Zusammenstellungen zu brennen. Auch das Kopieren eines ganzen Albums ist natürlich möglich.

1 Starten Sie den Media Player und legen Sie eine leere, beschreibbare CD in das Laufwerk ein. Klicken Sie anschließend auf das Register *Brennen* (1). Die CD wird von dem Programm automatisch erkannt und mit Ihrer Kapazität der maximalen Spieldauer auch angezeigt (2).

2 Klicken Sie auf die im letzten Kapitel automatisch erzeugte Fünf-Sterne-Wiedergabeliste und ziehen Sie diese mittels Drag & Drop in den Listenbereich der Brennfunktion. Aus dem Inhaltsbereich der Bibliothek können Sie natürlich auch ganze Alben oder einzelne Titel in den Brennbereich ziehen.

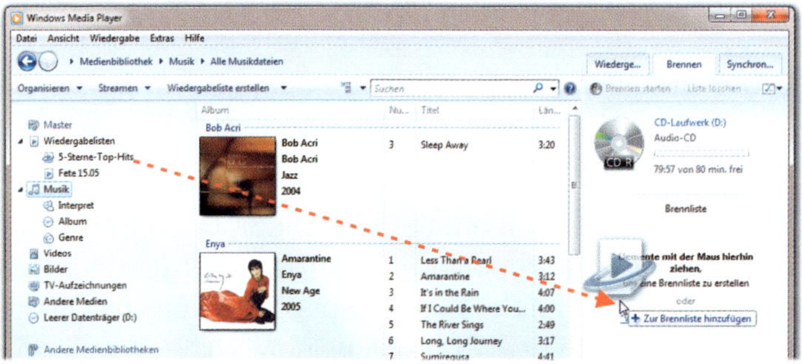

Mehrere CDs erstellen

Der Media Player erkennt automatisch, ob alle Titel auf eine CD passen. Ist das nicht der Fall, wird Ihnen dies in der Liste angezeigt. Beim Brennen werden Sie dann aufgefordert, einen weiteren, leeren Datenträger einzulegen. Den Wechsel erkennen Sie an dem Einschub *Datenträger n* und einer Zeitangabe in der Brennliste.

3 Ist die Zusammenstellung komplett, kontrollieren Sie noch die Reihenfolge der Titel. Wieder mithilfe von Drag & Drop ist diese schnell zu verändern. Der „Füllstand" der CD wird Ihnen in Minuten und Sekunden angegeben.

4 Sind Sie mit der Zusammenstellung zufrieden, klicken Sie einfach auf die Schaltfläche *Brennen starten*.

Fehlermeldung bei lückenlosem Brennen?

Manche CD-/DVD-Brenner bieten nicht die Möglichkeit des lückenlosen Brennens. Eine Warnung wird Sie darauf hinweisen. Sie sollten dann mit der Schaltfläche *Ja* das lückenlose Brennen deaktivieren. Andernfalls kann die CD nicht erstellt werden.

5 Der Brennfortschritt wird mit einem grünen Balken angezeigt. Sobald die CD fertiggestellt ist, wird sie ausgeworfen und kann verwendet werden.

Mit diesem Verfahren erhalten Sie eine CD, die Sie in jedem handelsüblichen, stationären CD-Abspielgerät wiedergeben können. Dabei ist eine maximale Spieldauer von etwa 80 Minuten, abhängig von dem CD-Rohling, möglich. Wollen Sie in den

Genuss der speziellen Eigenschaft des MP3-Formats, nämlich einer besonders langen Spieldauer kommen, muss eine Konvertierung in dieses Dateiformat durchgeführt werden.

Bevor Sie mit Schritt 2 in dem Workshop ab Seite 109 fortfahren, verfahren Sie folgendermaßen:

1 Klicken Sie im Listenbereich *Brennen* auf die Schaltfläche für die Brennoptionen und wählen Sie dort *Daten-CD oder -DVD* aus.

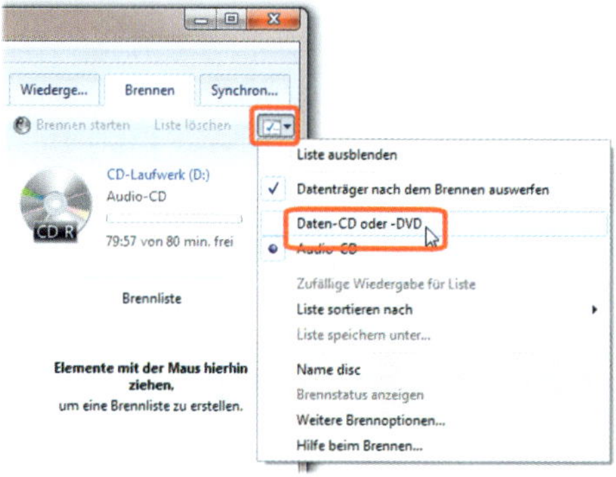

2 Die Anzeige schaltet von der Zeit- in die Speicherkapazität um. Bei CDs wird diese in der Regel bei etwa 700 MByte, bei DVDs bei ca. 4,3 GByte liegen.

3 Fahren Sie jetzt mit Schritt 2 des Workshops auf Seite 109 fort.

Sie werden schnell feststellen, dass Sie ein Vielfaches, im Durchschnitt etwa sechs komplette Standard-CDs, an Musik auf einer einzigen CD, bei einer DVD nochmals ein Vielfaches davon, im MP3-Format unterbringen können. Die Wiedergabe ist auf jedem PC möglich. Auch nahezu alle stationären DVD-Player unterstützen das Format MP3.

So synchronisieren Sie Ihren MP3-Player mit Ihrem PC

Stundenlange Musikfolgen auf einem Gerät kleiner als eine Zigarettenschachtel – kaum eine Entwicklung hat der Musik so viel Mobilität verschafft. Mit Windows 7 und dem Media Player verwalten Sie Ihre Lieblingsmusik auf jedem MP3-Player mit wenigen Mausklicks.

Windows 7 kennt zwei Methoden der Synchronisation – eine automatische und eine manuelle. Der Media Player wählt bei der ersten Verbindung Ihres MP3-Players die am besten geeignete. Eine automatische Synchronisation ist nur möglich, wenn die Speicherkapazität des Players mindestens 4 GByte beträgt. Ist die Speicherkapazität des Players damit höher als die Größe Ihrer Musikbibliothek wird die automatische Synchronisation, andernfalls die manuelle vorgeschlagen.

Musik auf Ihren Player übertragen ...

Der Media Player wird auch Ihren MP3-Player korrekt erkennen und für die Synchronisation bereitstellen. In dem folgenden Beispiel soll ein komplettes Musikalbum sowie die auf Seite 104 erzeugte Wiedergabeliste auf Ihren Player übertragen werden.

1 Starten Sie den Windows Media Player und schließen Sie Ihren MP3-Player mithilfe eines USB-Kabels an.

2 Schalten Sie anschließend den MP3-Player ein, damit er von Windows korrekt erkannt werden kann. Dieser Vorgang ist nach kurzer Zeit abgeschlossen, und Sie können das neue Gerät im Media Player erkennen. Sowohl im Navigationsbereich (1), als auch im Listenbereich (2) wird das Vorhandensein des Players registriert.

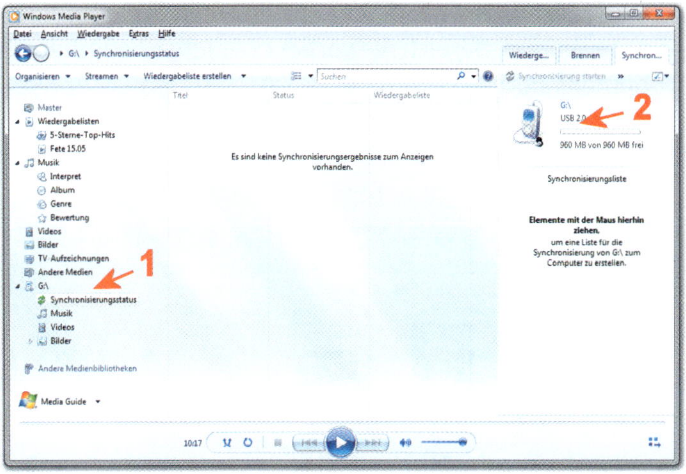

3 Aktivieren Sie mit einem Klick auf *Album* im Navigationsbereich die Anzeige aller verfügbaren Musikalben. Wählen Sie das gewünschte Album-Cover aus und ziehen Sie es mittels Drag & Drop in den aktivierten Listenbereich *Synchronisation* und lassen Sie das Album dort fallen.

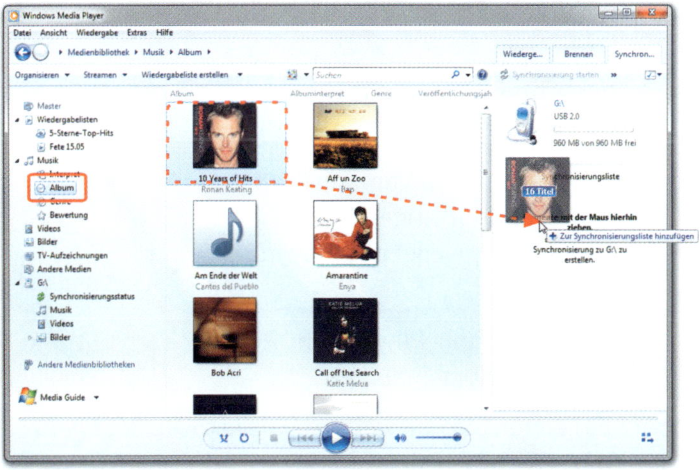

4 Ziehen Sie anschließend aus dem Abschnitt *Wiedergabelisten* im Navigationsbereich die vorher erzeugte Wiedergabeliste, ebenfalls mithilfe von Drag & Drop, in den Listenbereich. Die Liste wird an der Stelle der angezeigten Einfügemarke platziert. Achten Sie deshalb auf die gewünschte Platzierung, beispielsweise am Ende des vorherigen Albums.

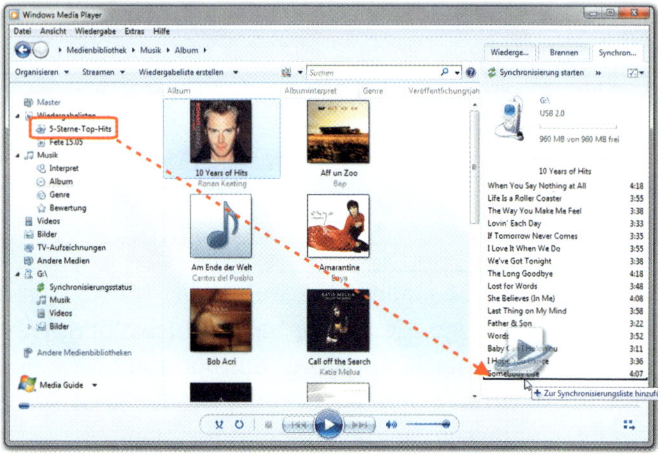

5 Klicken Sie jetzt im Kopf des Listenbereichs auf die Schaltfläche *Synchronisierung starten*.

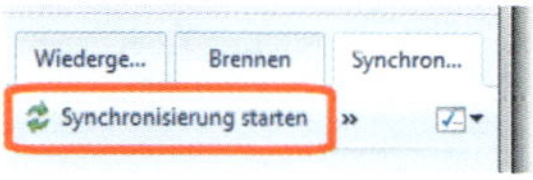

6 Je nach Umfang der zu übertragenden Daten ist der Vorgang nach wenigen Minuten abgeschlossen. Der benötigte Speicher des Players wird angezeigt.

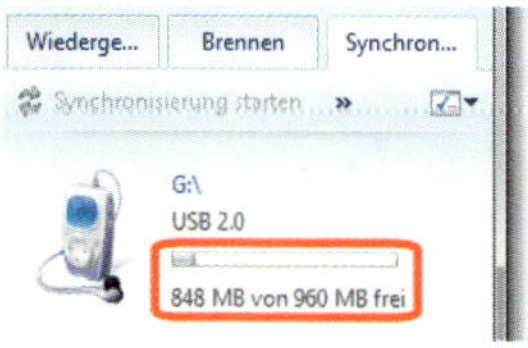

Jetzt können Sie den Player vom Rechner trennen und Ihre Lieblingsmusik sofort genießen.

Jederzeit können Sie nun weitere Musikstücke oder ganze CDs Ihrem MP3-Player hinzufügen.

Die Musikfolge verändern

Nicht immer entspricht die Musikreihenfolge einer CD Ihrem persönlichen Geschmack. Eine Änderung ist im Media Player in jeder Liste im Listenbereich möglich. Ziehen Sie einzelne Stücke einfach per Drag & Drop an die gewünschte Position.

... und wieder Löschen

Auch das Löschen von Titeln oder CDs ist schnell und einfach erledigt. Dazu muss natürlich der MP3-Player mit Ihrem Rechner verbunden und der Media Player gestartet sein.

1 Klicken Sie im Navigationsbereich auf die Bibliothek *Musik* Ihres Players.

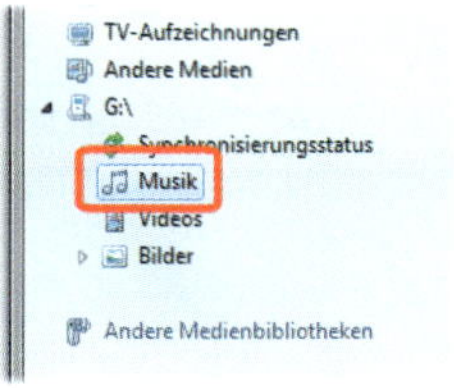

2 Klicken Sie im Inhaltsbereich den gewünschten Titel oder das CD-Cover mit der rechten Maustaste an. Wählen Sie in dem Kontextmenü den Befehl *Löschen* aus und bestätigen Sie in dem folgenden Hinweisfenster Ihre Absicht mit einem Klick auf *OK*.

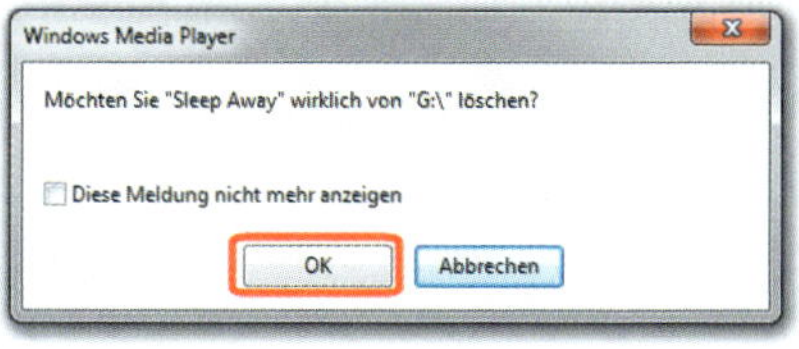

3 Der Vorgang startet sofort. Der Fortschritt wird mit einem Balkendiagramm angezeigt. Nach kurzer Zeit ist das Löschen beendet, und Sie werden feststellen, dass sich die Größe des belegten Speicherplatzes Ihres MP3-Players im Listenbereich verringert hat.

8. Fotos & Videos – toll präsentieren und kreativ gestalten

Die Aussage, dass Apple Computer in der professionellen Grafikbearbeitung nach wie vor führend sind, mag ja durchaus zutreffen. Microsoft ist aber natürlich nicht untätig geblieben, sondern hat die Fähigkeiten von Windows auch in diesem Bereich immer weiter entwickelt.

Mittlerweile stehen mit der Fotogalerie oder dem Windows Movie Maker gute Programme zur Verfügung, die ohne aufwendige Einarbeitungszeit sehr ansprechende Ergebnisse liefern. Bei der näheren Beschäftigung mit den Möglichkeiten beider Programme werden Sie schnell feststellen, dass Sie für den anspruchsvollen Heimgebrauch völlig ausreichend sind.

Da fehlt doch was! Movie Maker und weitere nützliche Programme laden und installieren

Vermutlich den rechtlichen Auseinandersetzungen in der Vergangenheit um die quasi Monopolstellung von Windows Betriebssystemen ist es zu verdanken, dass eine ganze Reihe von nützlichen Zusatzprogrammen nicht mit der Installation mitgeliefert werden. Neben dem Mailprogramm gehören dazu beispielsweise auch der Windows Movie Maker und die Fotogalerie. Beide Programme eignen sich hervorragend für die ersten Gehversuche mit dem großen Thema digitale Fotos und Videos.

Im Kapitel 6 ab Seite 82 haben Sie am Beispiel von Windows Mail erfahren, wie einfach der Download und die Installation fehlender Programme sind. Verfahren Sie wie in dem Workshop dort beschrieben. Die tatsächliche Auswahl der zu installierenden Programme erfolgt erst im Schritt 5.

Klicken Sie dort auch auf die Einträge für Fotogalerie und Movie Maker, um Download und Installation dieser Programme einzuleiten.

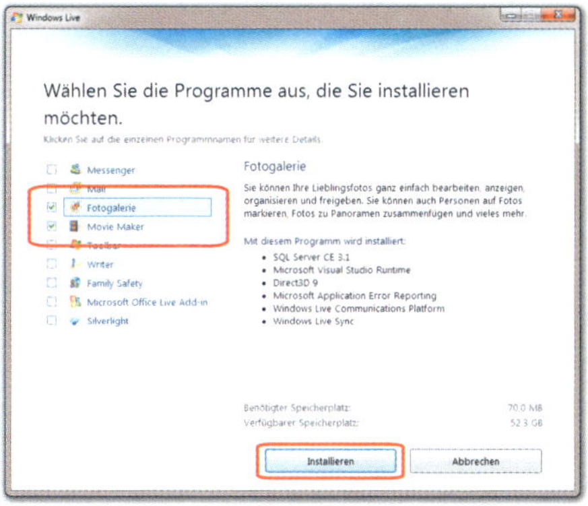

Sie müssen vor dem Klick auf die Schaltfläche *Installieren* unbedingt den Internet Explorer schließen, da während der Installation auch der Internet Explorer angepasst werden muss. Sollte das Programm noch geöffnet sein, werden Sie durch einen Hinweis ausdrücklich aufgefordert, den Internet Explorer zu beenden.

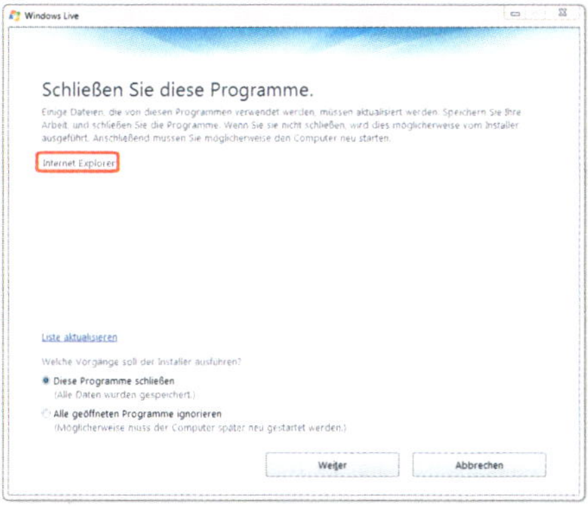

Nach dem Klick auf die Schaltfläche *Weiter* startet der Installationsvorgang. Dieser kann bis zu zehn Minuten in Anspruch nehmen – es ist also ein wenig Geduld gefragt.

Vor dem endgültigen Abschluss des Vorgangs können Sie noch Einstellungen für den Internet Explorer festlegen. Mit einem Klick auf *Weiter* legen Sie fest, dass Microsoft's Bing die Standardsuchmaschine wird und MSN bei jedem Start des Internet Explorer als erste Seite geöffnet wird. Falls Sie dies nicht akzeptieren wollen, deaktivieren Sie die beiden Optionen durch einen Klick auf die Häkchen und anschließend auf *Weiter*.

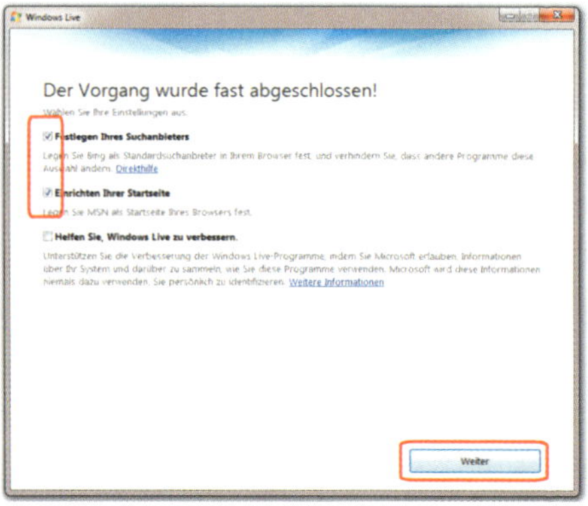

Die beiden neuen Programme, Windows Fotogalerie und Windows Movie Maker, finden Sie anschließend im Startmenü unter *Alle Programme* im neuen Ordner *Windows Live*.

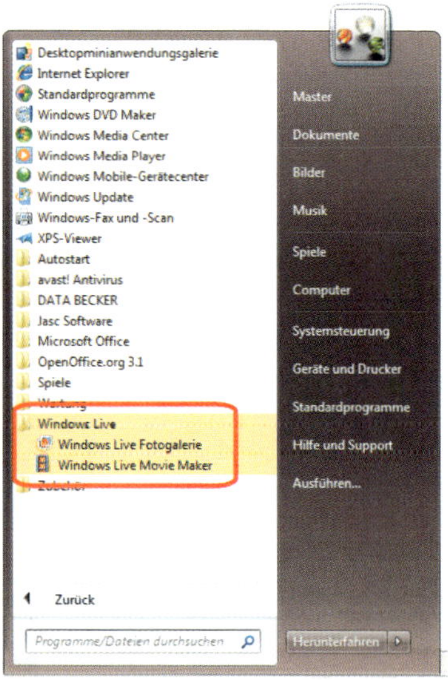

Mit der Fotogalerie von Windows 7 die Aufnahmen von Ihrer Digitalkamera importieren und organisieren

Die letzte tolle Urlaubsreise, die heiße Geburtstagsfete, ein Ausflug zu historischen Stätten – und alles begleitet und archiviert mit der digitalen Kamera. Viele, viele Fotos sollen von der Kamera auf den PC kopiert und dort auch noch sinnvoll organisiert werden. Mit dem Programm Fotogalerie ist das alles für Sie kein Problem.

Der Foto-Import – einfach und schnell erledigt

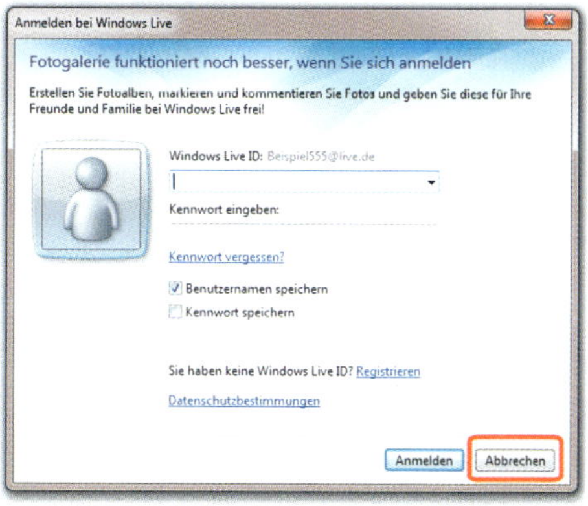

Beim ersten Start des Programms werden Sie nach einer Windows Live-Anmeldung gefragt. Für das Funktionieren des Programms ist das nicht notwendig. Sie können also problemlos dieses Fenster mit einem Klick auf *Abbrechen* schließen. Sollten Sie später einmal einen Windows Live-ID erwerben wollen, können Sie diese Eingabe problemlos jederzeit wiederholen.

Ein weiteres Dialogfenster möchte von Ihnen die Erlaubnis, bestimmte Formate von Bilddateien dem Programm Fotogalerie zu zuordnen. Klicken Sie in diesem Fall auf *Ja*. Die Folge ist, dass alle Grafiken mit diesem Format standardmäßig immer mit dem Programm Fotogalerie geöffnet werden.

1 Starten Sie das Programm Fotogalerie im *Startmenü/Alle Programme/Windows Live*. Die Fotos, die Sie im Inhaltsbereich sehen, sind von Microsoft gelieferte Beispielbilder.

2 Schließen Sie Ihre Kamera mithilfe des dazugehörenden, speziellen USB-Kabels an den PC an und schalten Sie die Kamera ein.

3 Bei einem erstmaligen Anschluss muss Windows noch die richtige Installation des zusätzlichen Geräts Kamera vornehmen. Dies ist in den allermeisten Fällen in wenigen Augenblicken erledigt. Anschließend öffnet sich ein Dialogfenster mit einer Auswahl von verfügbaren Aktionen für die Kamera. In diesem Fall wählen Sie mit einem Mausklick die Option *Bilder und Videos importieren*.

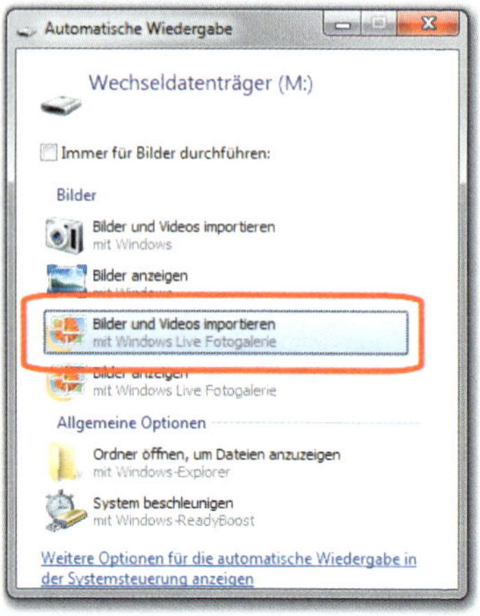

4 Das Programm sortiert nun die Bilder auf der Kamera und gruppiert sie nach Aufnahmedatum. Jeder Gruppe können Sie einen Namen geben. Klicken Sie dazu auf das Symbol *Geben Sie einen Namen ein* und machen Sie genau das in der dann erscheinenden Texteingabezeile.

Die Gruppierungsfaktoren einstellen

Der wesentliche Faktor für die Gruppierung ist die Zeitspanne, innerhalb der Aufnahmen gemacht wurden. Diese Zeitspanne können Sie mithilfe des Schiebereglers rechts unterhalb des Inhaltsfensters zwischen den Werten

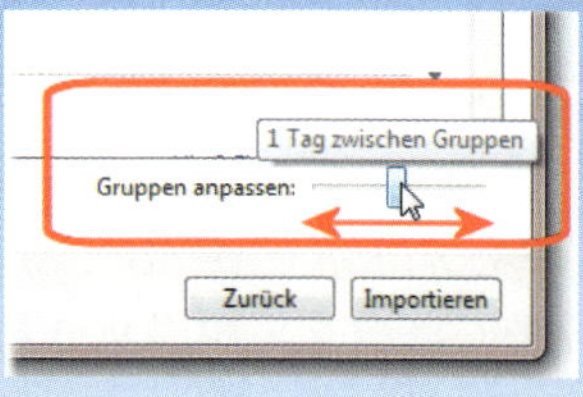

0,5 Stunden und *29 Tagen* einstellen. Je größer Sie die Zeitspanne einstellen, um so mehr Bilder befinden sich in einer (Zeit-)Gruppe. Auch möglich ist die Einstellung *Alle Elemente in einer Gruppe*.

5 Nachdem Sie die Gruppierung bestimmt haben, entscheiden Sie sich noch, ob Sie einzelne Bildergruppen von einer Übertragung auf den PC ausschließen wollen. In einen solchen Fall deaktivieren Sie das Häkchen links von dem Gruppensymbol. Klicken Sie abschließend auf die Schaltfläche *Importieren*.

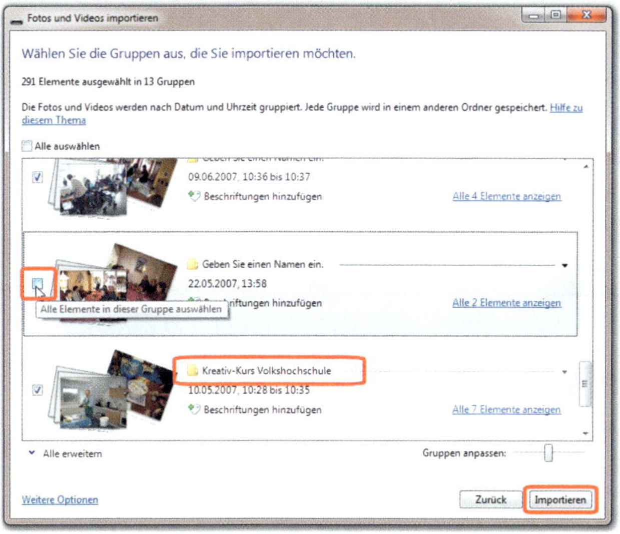

6 Je nach Anzahl und Bildgrößen kann der Import schon mehrere Minuten in Anspruch nehmen.

Ihre Fotos befinden sich jetzt also auf der Festplatte Ihres PCs. Erfahren Sie im folgenden Abschnitt, dass auch die Verwaltung der Bilder keine Spezialkenntnisse verlangt.

Bringen Sie mit einfachen Mitteln Ordnung ins Chaos

Meist schon nach sehr kurzer Zeit haben sich Hunderte, gar Tausende von Fotos auf Ihrem Rechner angesammelt. Viel zu viele, um sich bestimmte Positionen einzelner Bilder zu merken.

Mithilfe der Fotogalerie und ein wenig Aufwand für die Eingabe von Stichwörtern und Beschreibungen werden Sie in Zukunft den Überblick über Ihre Fotosammlung nicht mehr verlieren.

Neben der Bildung von Gruppen und deren Benennung, wie im letzten Workshop beschrieben, bietet Ihnen die Fotogalerie eine weitere, sehr professionelle Möglichkeit der Katalogisierung.

Die Ordnung kann nach Personen auf einem Foto und nach sonstigen Beschriftungen erfolgen. Solche Beschriftungen werden einem Foto unsichtbar in den Dateieigenschaften zugeordnet. Ein Auffinden und Sortieren nach einer oder mehreren Beschriftungen ist dann einfach und vor allem auch bei umfangreichen Sammlungen blitzschnell möglich.

1 Markieren Sie ein Foto mit einem Mausklick (1) und wählen Sie in der Menüleiste den Befehl *Info* (2).

2 Es öffnet sich am rechten Fensterrand der Infobereich. Klicken Sie dort auf *Beschriftung hinzufügen* (3).

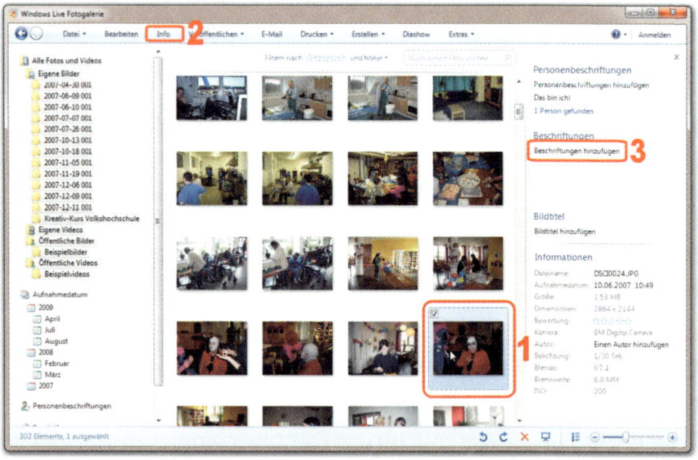

Vorschaubild für den schnellen Überblick

Sobald Sie den Mauszeiger auf einem Miniaturbild platzieren, erscheint nach etwa einer Sekunde ein vergrößertes Vorschaubild. Zusätzlich werden der Dateiname, das Aufnahmedatum und die Datei- und Bildgröße genannt.

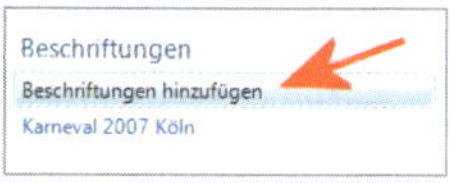

3 Geben Sie in die Textzeile eine kurze, aussagefähige Beschreibung für das Foto ein. Beschränken Sie sich möglichst auf wenige Wörter und drücken Sie die Enter-Taste, wenn Sie fertig sind. Da Sie einem einzigen Foto mehrere beschreibende Beschriftungen hinzufügen können, ist sogar die Beschränkung auf ein Wort sinnvoll. Die Eingabe weiterer Stichwörter erfolgt immer wieder in eigenen Zeilen nach einem Klick auf die Schaltfläche *Beschriftungen hinzufügen*.

4 Ihre soeben eingegebenen Beschriftungen werden natürlich im Infobereich (1) angezeigt. Sie erscheinen aber auch im Vorschaubild (2) und im Navigationsbereich (3).

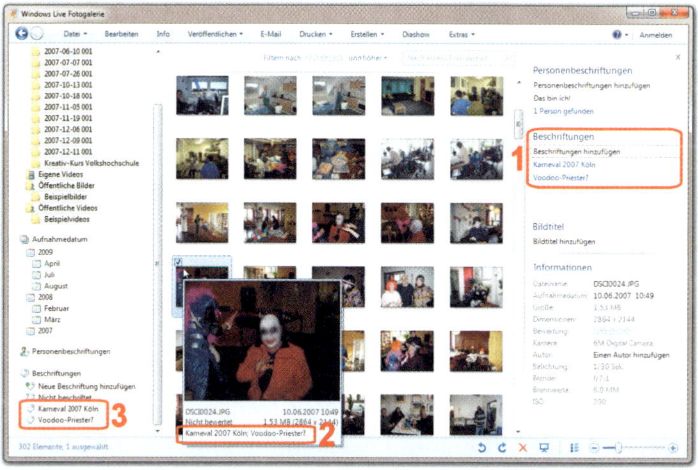

So löschen Sie eine Beschriftung

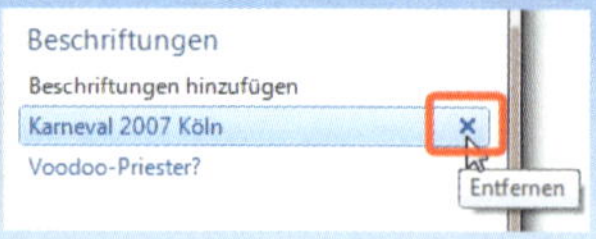

Eine Beschriftung löschen Sie sehr einfach mit einem Klick auf das *X* einer Beschriftungszeile im Infobereich. Die Löschabsicht müssen Sie in einem Sicherheitsfenster nochmals bestätigen.

Sobald Sie nun im Navigationsbereich auf eine der vorhandenen Beschriftungen klicken, werden alle Bilder, die diese Beschriftung enthalten, angezeigt. Es ist auch möglich, mehrere Beschriftungen gleichzeitig auszuwählen. Klicken Sie dazu eine beliebige Beschriftung an, drücken und halten Sie die Strg-Taste und klicken Sie weitere Beschriftungen im Navigationsbereich an. Diese werden markiert und ihr jeweiliger Bildinhalt im Inhaltsbereich gezeigt.

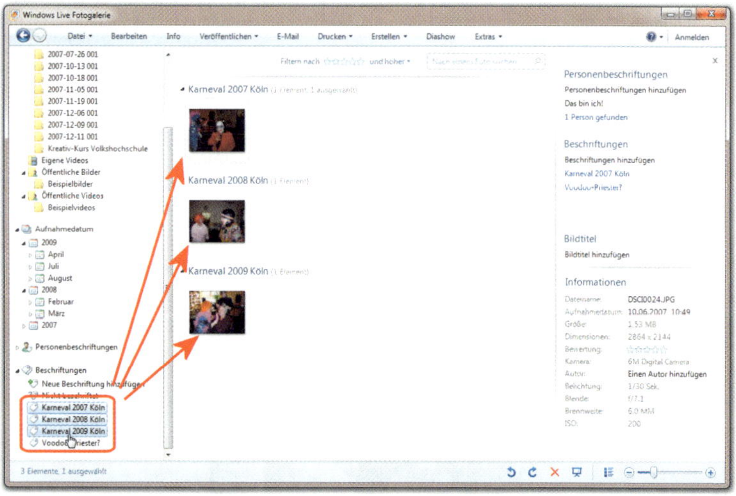

Halten Sie die Vergabe von Beschriftungen konsequent durch, und Sie werden immer den vollkommenen Überblick über Ihre

Bildbibliothek behalten. Der Aufwand ist relativ gering, das Ergebnis lohnt die Eingabe weniger Begriffe umso mehr.

Fotos zum Anfassen – bringen Sie Ihre schönsten Schnappschüsse zu Papier

Immer noch spielen gedruckte Fotos eine große Rolle. Man hat halt eben nicht immer den Laptop für die Präsentation der besten Schnappschüsse dabei.

Die besten Ergebnisse im Ausdruck Ihrer Bilder erzielen Sie mit speziell auf Fotodruck optimierten Tintenstrahldruckern in Verbindung mit hochwertigem, speziellem Fotopapier. Sehr gute Drucker werden von allen großen Herstellern wie Canon, Epson oder Hewlett-Packard angeboten. Das Angebot an Fotopapieren ist nahezu unüberschaubar. Es gilt oft der Satz, dass billig nicht gleich günstig ist. Qualität hat hier unbestreitbar ihren Preis.

Für jeden Zweck das richtige Fotopapier

Mit den Produktlinien Everyday – Premium oder Ultra bietet DATA BECKER Fotopapiere für jeden Zweck und in gewohnter Top-Qualität an. Sie finden diese Auswahl unter *www.databecker.de*.

Die Druckfunktion der Fotogalerie hilft Ihnen dabei, optimale Ergebnisse zu erzielen. In einem Beispiel soll das im letzten Workshop veränderte Bild auf einem DIN-A4-Fotopapier in vier Abzügen zu 9 x 13 cm ausgedruckt werden.

1 Klicken Sie im Bearbeitungsmodus des gewünschten Bildes auf die Schaltfläche *Drucken* und in dem aufklappenden Menü ebenfalls auf *Drucken*.

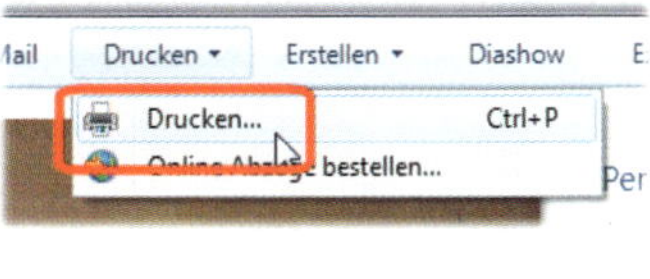

2 Scrollen Sie in dem folgenden Dialogfenster auf der rechten Seite solange nach unten, bis Sie die gewünschte Formateinteilung des Papiers gefunden haben, und markieren Sie diese mit einem Mausklick. In dem Beispiel müssen Sie nun noch die Zahl der Bilder pro Seite wählen. Da der Ausdruck nur eines Bildes eine große Verschwendung von Papier darstellen würde, wählen Sie hier durch mehrfaches Klicken der Schaltfläche vier Kopien aus.

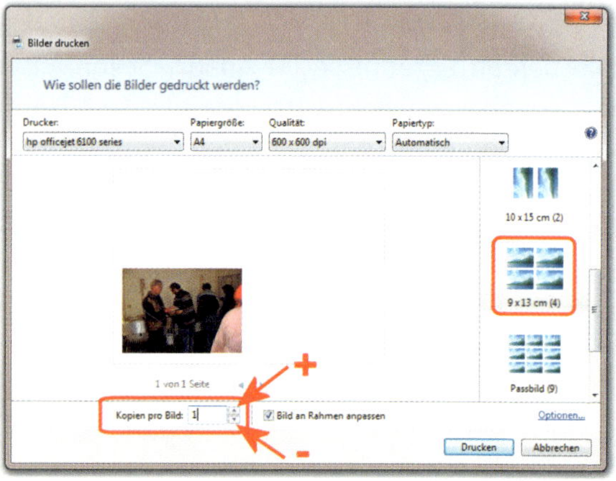

3 Stellen Sie nun die Papierqualität ein, indem Sie auf die Schaltfläche unter der Bezeichnung *Papiertyp* klicken. Sollten Sie die Bezeichnung Ihres Papiertyps nicht finden, wählen Sie bei der Verwendung von speziellem Fotopapier der Einfachheit halber die Einstellung *Anderes Fotopapier*.

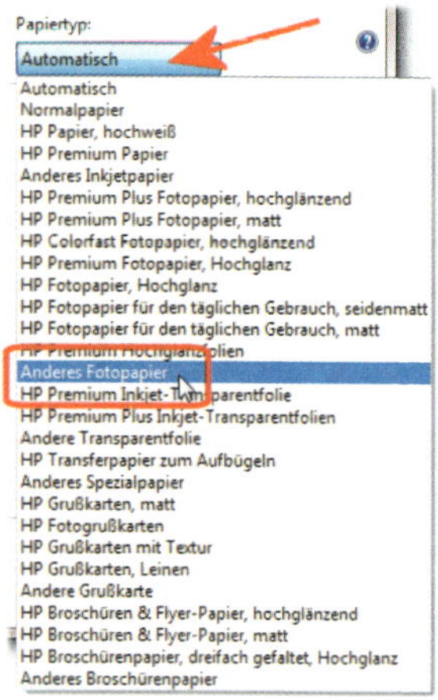

4 Klicken Sie nun auf den Link *Optionen* oberhalb der Schaltfläche *Abbrechen* und im folgenden Dialogfenster auf den Link *Druckereigenschaften*.

5 Das nächste Fenster hat je nach verwendetem Drucker unterschiedliche Möglichkeiten. Im Folgenden soll die höchste, verfügbare Druckqualität des Druckers eingestellt werden. Bei dem verwendeten Beispiel verbirgt sich diese Einstellung in dem Register *Papier/Qualität*. Sie stellen fest, dass Ihre vorherige Einstellung *Anderes Fotopapier* hier übernommen worden ist. Für die höchste Qualität klicken Sie auf die Schaltfläche unter *Druckqualität* und wählen aus der Liste die beste Einstellung, in diesem Fall lautet diese *Optimal*. Bestätigen Sie Ihre Einstellungen mit einem Klick auf *OK*.

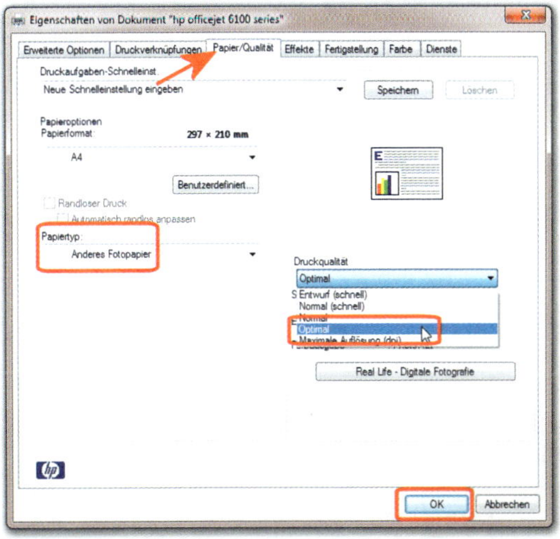

6 Starten Sie anschließend den Druck mit einem Klick auf die Schaltfläche *Drucken*.

Zum Beschneiden der Fotos sollten Sie besser eine einfache Schneidemaschine statt einer Schere verwenden.

Von der Fotoschau zur Diashow – Effekte, Sound und Animationen für Ihre schönsten Bilder mit dem Movie Maker

Schon die Fotogalerie bietet eine schnelle Möglichkeit, eine einfache Diashow zu erzeugen. Erheblich umfangreicher und mit noch mehr Möglichkeiten wartet das Programm Movie Maker auf. Wie der Name andeutet, peppen Sie hier eine einfache Folge von Fotos zum „Spielfilm" auf. Ohne Spezialkenntnisse und ohne Spezialprogramm.

Finden Sie sich schnell zurecht – die Bedienung des Movie Maker

Die Oberfläche des Movie Maker ist einfach aufgebaut. Statt einer einfachen Menüzeile sehen Sie alle Befehle untergebracht in fünf Registern (1). Im Sammlungsbereich (2) auf der rechten Seite finden Sie alle von Ihnen für ein Projekt eingefügten Bilder. Der Vorschaubereich (3) zeigt das aktuell markierte Bildelement. Interessant und sehr hilfreich ist die Funktion, dass jeder Effekt sofort im Vorschaubereich gezeigt wird, sobald Sie mit dem Mauszeiger auf ein Effektsymbol zeigen.

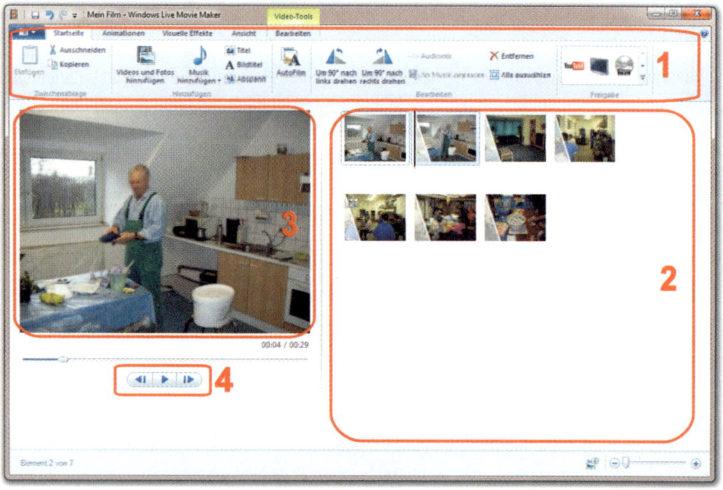

Im Vorschaubereich haben Sie auch jederzeit die Möglichkeit, das bisherige Projekt ablaufen zu lassen. Mithilfe der Schaltflächen (4) können Sie den „Film“ kontinuierlich oder in sehr kleinen Schritten manuell ablaufen lassen.

Schnell realisiert – das erste Movie Maker-Projekt

Der Movie Maker verfügt über die Möglichkeit, einen Film automatisch zu erstellen. Natürlich müssen Sie einige wenige Eingaben machen. Auch sind Anpassungen nach der automatischen Erstellung des Films möglich und auch notwendig. Das Ergebnis dieser Auto-Funktion kann sich aber durchaus sehen lassen.

1 Starten Sie den Movie Maker im Startmenü unter *Alle Programme/Windows Live/Windows Live Movie Maker*.

2 Voraussetzung für Ihren ersten Spielfilm ist, dass Sie genügend Bildmaterial haben. Dieses muss einem Movie Maker-Projekt hinzugefügt werden. Klicken Sie deshalb auf die Schaltfläche *Videos und Fotos hinzufügen* im Register *Startseite*.

3 Wählen Sie im folgenden Explorerfenster zunächst den gewünschten Bilderordner aus. Markieren Sie anschließend das gewünschte Foto und klicken Sie auf die Schaltfläche *Öffnen*. Das ausgewählte Bild erscheint im Sammlungsbereich des Movie Maker. Importieren Sie so alle gewünschten Bilder.

4 Sie werden feststellen, dass nach dem Import der Bilder nun die Option *AutoFilm* aktiv ist. Klicken Sie auf diese Schaltfläche.

5 Bestätigen Sie die Meldung in dem folgenden Fenster mit einem Klick auf *OK*. Der folgende Hinweis besagt, dass Sie noch keine Musik importiert haben. Klicken Sie auf *Ja*, um dies jetzt zu erledigen.

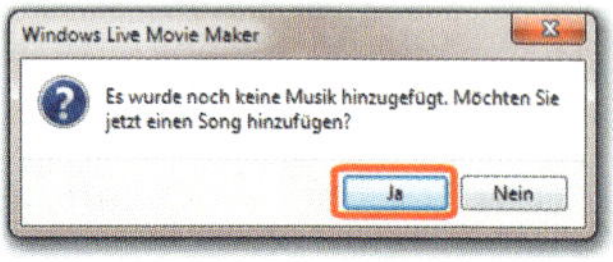

6 In dem folgenden Dateiauswahlfenster wird der Inhalt Ihrer *Musik*-Bibliothek angezeigt. Wählen Sie einen einzelnen Song aus und klicken Sie auf *Öffnen*.

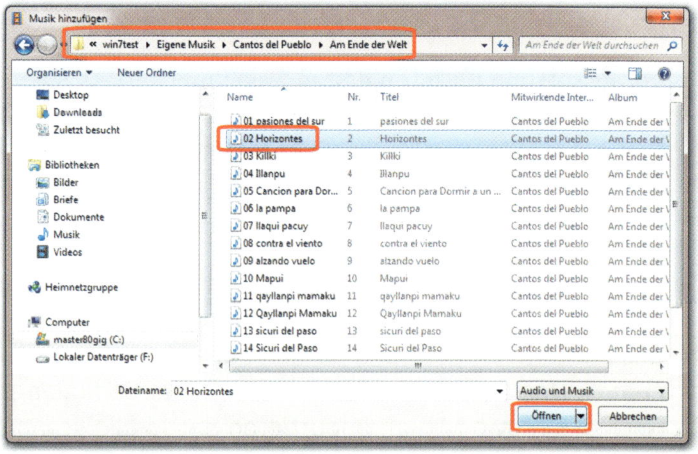

Beachten Sie das Urheberrecht

Sofern Sie keine eigene oder lizenzfreie Musik verwenden, dürfen Sie den von Movie Maker erzeugten Film ausschließlich privat verwenden. Jede öffentliche Vorführung, auch das Veröffentlichen in YouTube oder ähnlichen Sammlungen, ist nicht erlaubt und kann erhebliche Schadensersatzforderungen begründen.

7 Die automatische Erstellung Ihres ersten Movie Maker-Films ist damit abgeschlossen. Bestätigen Sie den Hinweis mit einem Klick auf *Schließen*.

Sie sehen nun einige Veränderungen in dem Bereich der eingefügten Bilder. Dabei handelt es sich um den automatisch eingefügten Vor- (1) und Abspann (2), Übergangseffekte (3) und Animationen (4) sowie die Hintergrundmusik (5). Die senkrechte, schwarze Linie markiert die aktuelle Abspielposition.

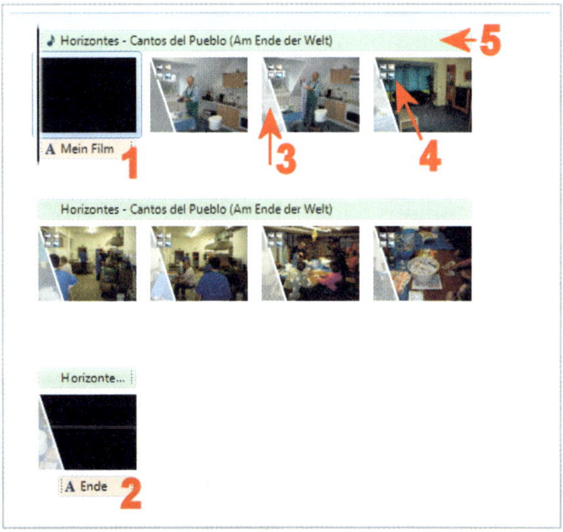

Automatische Längenberechnung

Durch das Einfügen eines Musikstücks wird die gesamte Spieldauer des Videos an die maximale Dauer des Musikstücks angepasst. Dadurch wird ein abruptes Ende der Musik vermieden. Bei manueller Filmerstellung entfällt diese Automatik.

In der Titelleiste des Programms werden Ihnen drei neue, farbige Flächen (*Video-Tools*, *Musiktools* und *Text-Tools*) auffallen. Jedem ist ein neues und eigenes Register mit spezifischen Befehlen für die jeweilige Funktion zugeordnet.

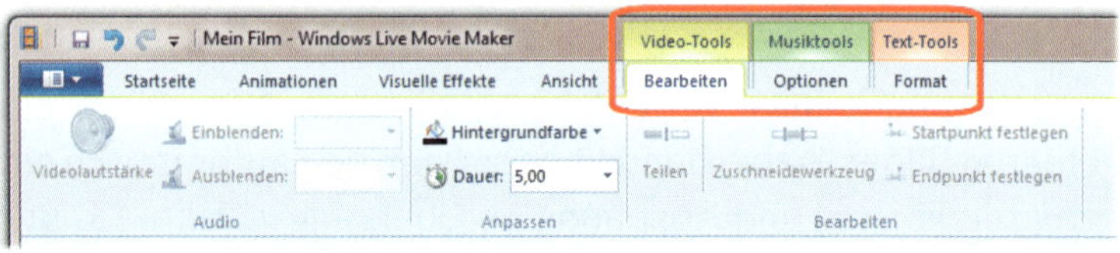

Damit der Film vollendet werden kann, fügen Sie dem Vor- und Abspann einen eigenen Text hinzu.

1 Klicken Sie dazu doppelt auf die Markierung für den Vorspann mit dem Inhalt *Mein Film*.

2 Im Vorschaufenster erscheint der Titel in einen Rahmen eingefasst. Am linken Rand des Rahmens blinkt als senkrechte Linie die Textmarke. Löschen Sie mit der Taste Entf den gesamten Text.

3 Geben Sie den gewünschten Filmtitel über die Tastatur ein. Ist der neue Text länger als der ursprüngliche, wird ein automatischer Zeilenumbruch durchgeführt. Falls die Textfläche nicht ausreicht, fahren Sie mit der Maus auf eine der Eckpunkte des Rahmens. Halten Sie die linke Maustaste gedrückt, sobald sich der Mauszeiger in einen Doppelpfeil verwandelt, und ziehen Sie die Maus in dem Beispiel nach rechts oben. Die Textfläche wird proportional vergrößert.

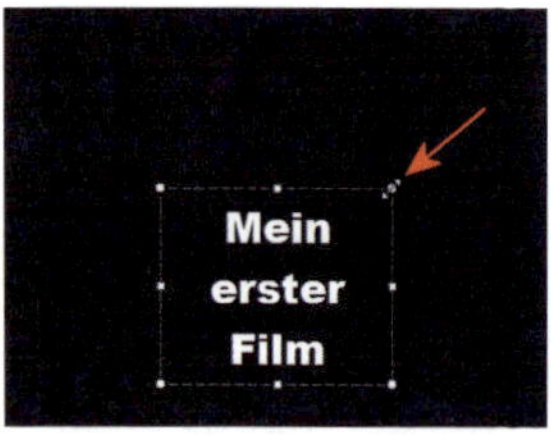

4 Wiederholen Sie diesen Vorgang für den Text des Abspanns.

Spätestens jetzt ist der Zeitpunkt gekommen, Ihr Projekt auch zu speichern.

1 Klicken Sie dazu auf das Symbol links neben dem Register Startseite.

2 Klicken Sie in dem Menü auf den Befehl *Projekt speichern unter*.

3 Wählen Sie in dem folgenden Dialogfenster einen Speicherort und geben Sie einen Dateinamen ein.

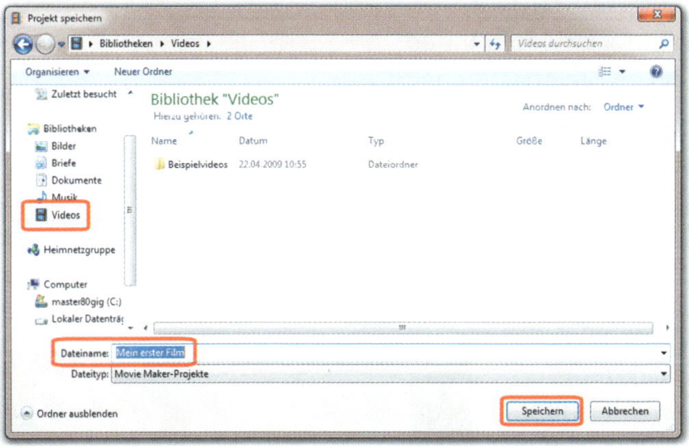

Ihr Video-Projekt können Sie jetzt beliebig aufrufen, verändern und auch unter einem neuen Namen speichern. Zu guter Letzt steht noch die Erzeugung des fertigen Videos aus den Daten des Projekts an.

1 Klicken Sie erneut auf die Schaltfläche links vom Startseitenregister.

2 Wählen Sie aus dem Menü den Befehl *Film speichern* und klicken Sie in dem erweiterten Menü auf die Eintragung *Breitbild* für die Wiedergabe auf einem PC-Monitor im Breitbildformat.

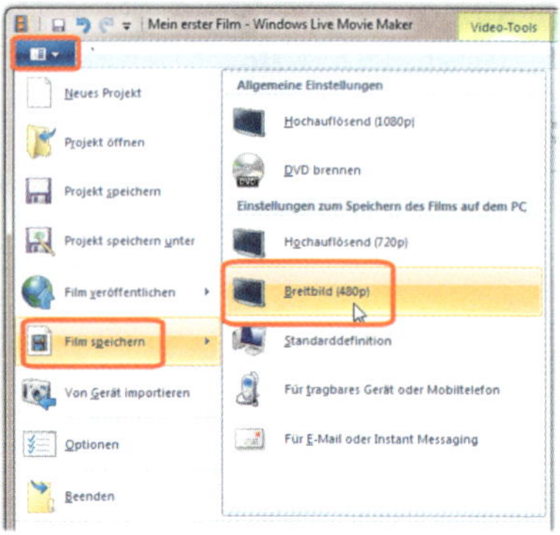

3 Geben Sie in dem folgenden Dialogfenster einen Speicherort und einen Dateinamen für das fertige Video ein. Die Speicherung erfolgt im Format WMV (**W**indows **M**edia **V**ideo). Klicken Sie abschließend auf *Speichern*. Die Erzeugung der Videodatei kann je nach Umfang und gewählter Qualität einige Zeit in Anspruch nehmen. In DVD-Qualität kann dies auch bei einem schnellen Rechner bis zu mehreren Stunden dauern. Die Fertigstellung wird durch ein eigenes Fenster signalisiert.

Wenn Sie jetzt die Option *Wiedergabe* gewählt haben, startet der Film im Programm Media Player. Vergessen Sie nicht, Ihre Lautsprecher einzuschalten!

Das Windows Media Center – so spielen Sie Musik und Videos perfekt ab

Windows 7 bietet Ihnen mit dem Media Center quasi das komplette Unterhaltungscenter für zu Hause. Musik, Bilder, Video oder TV-Wiedergabe – das Media Center vereint alle Angebote unter einer schicken und funktionalen Bedienoberfläche.

Das Programm finden Sie im Startmenü unter *Alle Programme*. Das Programmsymbol entspricht bis auf die grüne Farbgebung der Startschaltfläche von Windows 7.

Bei dem ersten Start haben Sie die Möglichkeit, einige Grundeinstellungen manuell vorzunehmen. Auch wenn Sie diese erst später erledigen möchten, können Sie das Media Center schon vollständig kennenlernen und uneingeschränkt nutzen.

Klicken Sie nach dem Start des Programms auf die Schaltfläche *Fortsetzen*.

Wählen Sie im nächsten Fenster die Schaltfläche *Express*. Weitere Eingaben sind nicht notwendig.

Die Menüsteuerung im Windows Media Center

Für das Media Center hat Microsoft eine besondere Form der Menüsteuerung eingeführt. In dem vertikalen Menü können Sie mit der Maus oder den Tasten ↑ und ↓ die Hauptmenüs wie *Filme*, *Musik* oder *Bilder* und *Videos* anwählen. Zugeordnet ist jeweils ein horizontales Menü, das Sie mit den Tasten ← und → markieren und mit der Enter-Taste auswählen können. Die Steuerung der jeweiligen Medien erledigen Sie mithilfe der Bedienelemente am unteren Fensterrand.

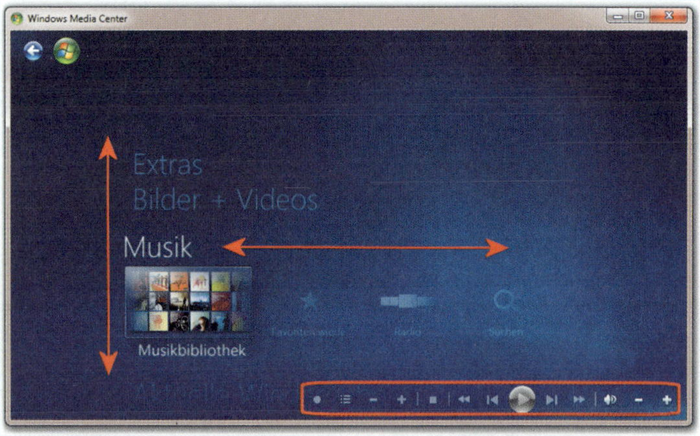

So hören Sie Musik mit dem Media Center

Das Windows Media Center greift auf den Musikbestand zurück, den Sie mit dem Windows Media Player schon auf Ihrem PC angelegt haben. Die Verwaltung ähnelt dem Media Player sehr, ist jedoch grafisch wesentlich aufwendiger gestaltet. Alle Funktionen, die Sie schon im Kapitel 7 zum Media Player kennengelernt haben, stehen Ihnen auch im Media Center zur Verfügung. Einen aktiven Menüpunkt erkennen Sie an den spitzen Klammern.

1 Starten Sie das Media Center und klicken Sie auf das Hauptmenü *Musik*.

2 Klicken Sie auf das Untermenü *Musikbibliothek*.

3 In der nächsten Ansicht finden Sie eine Liste der möglichen Sortierfunktionen für Ihre Musik. Für die Wiedergabe oder das Stöbern in einem Album belassen Sie es bei der aktiven Einstellung *Alben*. Ein Album wählen Sie mit der Maus aus. Fahren Sie mit dem Mauszeiger einfach über die verkleinerten Abbildungen der CD-Cover. Dieses wird leicht vergrößert hervorgehoben und mit einigen Detailinformationen angezeigt.

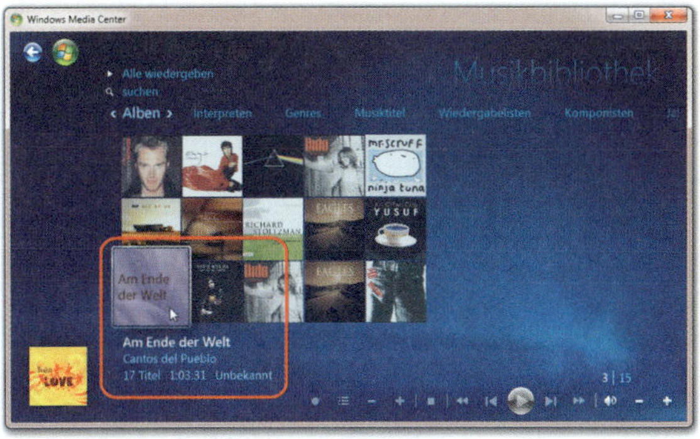

4 Mit einem Klick auf ein Album-Cover öffnen Sie das Detailfenster für diese CD. Für die Wiedergabe der vollständigen CD klicken Sie auf *Album wiedergeben*. Die Wiedergabe eines einzelnen Musikstücks starten Sie mit einem Klick auf einen Songtitel.

5 Im letzten Fall klicken Sie in der folgenden Detailansicht für den einzelnen Titel auf *Musiktitel wiedergeben*.

Das Media Center als Standardprogramm festlegen

Falls beim Einlegen einer Audio-CD oder einer Video-DVD die Wiedergabe automatisch nur im Media Player startet, klicken Sie im Startmenü auf *Standardprogramme*. In dem folgenden Dialogfenster klicken Sie in der Programmliste auf *Windows Media Center* und anschließend auf den Abschnitt *Dieses Programm als Standard festlegen*. Nachdem Sie mit einem Klick auf *OK* die Einstellung abgeschlossen haben, werden CD und DVD automatisch nur im Media Center gestartet.

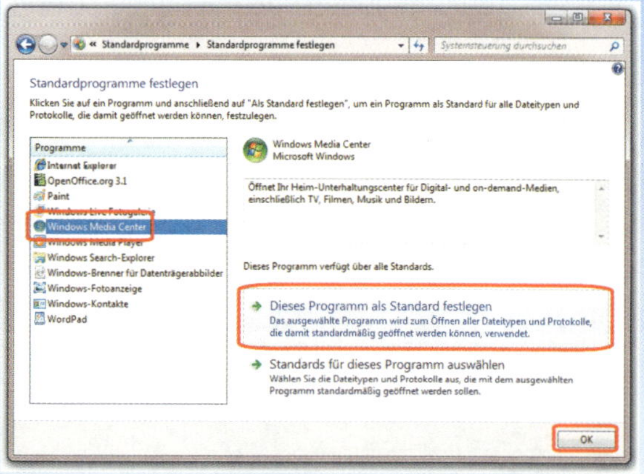

Video-DVDs im Media Center abspielen

Auch bei der Wiedergabe von Video-DVDs macht das Media Center eine sehr gute Figur. Die Bedienung entspricht grundsätzlich der des Media Players.

1 Starten Sie das Windows Media Center und legen Sie eine geeignete Video-DVD in das Laufwerk ein.

2 Scrollen Sie zum Hauptmenü *Filme* und wählen Sie mit einem Klick das Untermenü *DVD wiedergeben*.

3 Falls die Wiedergabe nicht im Vollbildmodus starten sollte, klicken Sie auf die Schaltfläche *Maximieren* der Fenstersteuerung.

4 Nach dem Vorspann können Sie analog zur Bedienung eines stationären DVD-Players den Film starten, einzelne Kapitel auswählen oder Spracheinstellungen vornehmen.

5 Sobald Sie die Maus innerhalb des Videofensters bewegen, werden die schon vom Media Player her bekannten Bedienelemente (siehe dazu Seite 96) eingeblendet.

Das Media Center – der Welt-Radio-Empfänger

Auch als „Radioempfänger" eignet sich das Windows Media Center. Viele internationale Stationen, große Sender und eher kleine und lokale Stationen können Sie online erreichen.

1 Klicken Sie im Menü *Extras* auf das Untermenü *Galerie*.

2 In der horizontalen Liste der Optionen klicken Sie auf *Musik + Radio* und in den Inhalten auf das Symbol für *More Radio*.

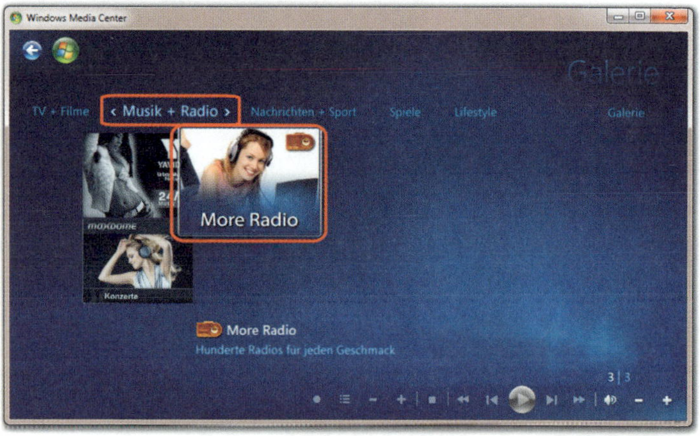

3 Die Radiofunktion muss noch installiert und eingerichtet werden. Klicken Sie im folgenden und dem nächsten Fenster auf *Weiter*.

4 Bestätigen Sie mit einem Klick auf die Schaltfläch *Ja*, dass Sie die Radiofunktion in das Media Center integrieren wollen, und klicken Sie anschließend auf *Fertigstellen*.

5 Nach kurzer Zeit meldet sich das Hauptmenü von More Radios 2008. Zur Senderauswahl klicken Sie auf *nach Kontinente*. In der Liste können Sie nur mithilfe der Tasten ↑ und ↓ blättern. Rollen Sie nach unten, bis Sie auf *Germany* stoßen. Die Anzahl der verfügbaren Sender wird unterhalb der Liste angezeigt. Klicken Sie auf den Ländernamen.

6 Das Laden der Liste von mehreren Hundert Radiostation kann schon ein paar Minuten dauern. In der Liste der Sender können Sie mithilfe der Pfeiltasten und der Tasten Bild↑/ Bild↓ Tasten blättern. Informationen mit dem eigenen Logo zu jedem Sender werden unterhalb der Liste angezeigt.

Radio und Fernsehen per DVB/T oder S mit dem Media Center?

Das Media Center kann selbstverständlich alle diese Sendungen auf angeschlossenen entsprechenden Geräten, seien es eigene Steckkarten oder die einfache Lösung als USB-Stick, wiedergeben. Besonders interessant sind die Funktionen des Speicherns von TV-Sendungen. Dazu gehört auch die Möglichkeit, mit einem einfachen Klick auf die Pause-Taste, das weiterlaufende Programm bis zu 45 Minuten automatisch aufzunehmen und die Wiedergabe exakt an der Unterbrechung wieder aufzunehmen.

7 Wählen Sie den gewünschten Sender durch einen Klick auf seinen Listeneintrag aus. Im folgenden Senderfenster klicken Sie auf *Wiedergabe*, um den Sender zu starten.

Wenn Sie auf bestimmte Sender häufig zugreifen wollen, fügen Sie diese durch einen Klick auf *Zu Favoriten* und im anschließenden Auswahlfenster auf *Verknüpfung hinzufügen* Ihren Radio-Favoriten hinzu. Sie finden diese im *Radio*-Hauptmenü unter *Meine Favoriten*.

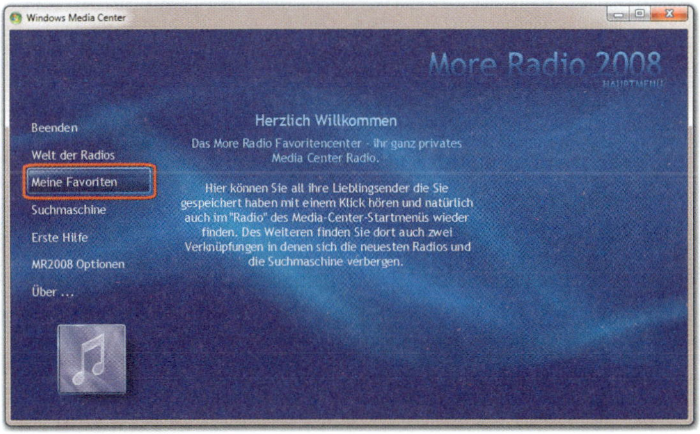

9. Sichern Sie Ihre Daten: So gehen Bilder und Texte nicht verloren

Mit Windows 7 haben Sie ein stabiles und sicheres Betriebssystem auf Ihrem Computer. Trotzdem besteht grundsätzlich immer die Gefahr, dass eine schädliche Software (siehe Kapitel 5), ein technischer Defekt oder ein Systemabsturz Schaden anrichten. Windows und Ihre Programme lassen sich wieder aufspielen, aber unter Umständen sind Ihre persönlichen Daten wie Texte, Fotos, Tabellen etc. unwiederbringlich verloren. Deshalb sollten Sie immer eine aktuelle Datensicherung haben. Wie Sie diese erstellen, erfahren Sie in dem folgenden Kapitel.

Wichtige Dateien und Ordner direkt auf DVD brennen

Den Windows-Explorer haben Sie bereits in Kapitel 3 ausführlich kennengelernt. Eine sehr gute Absicherung gegen ärgerlichen Datenverlust ist es, wenn Sie wichtige persönliche Daten regelmäßig auf eine DVD brennen und diese an einem sicheren Ort aufbewahren. In diesem Beispiel sollen Ihre Urlaubsfotos gesichert werden. Es wäre doch sehr schade, wenn diese verloren gingen.

1 Starten Sie den Windows-Explorer über das Symbol links unten in der Taskleiste.

2 Auf der linken Seite des Explorers finden Sie Ihre Bibliotheken. Klicken Sie dort den Eintrag *Bilder* an. In der Mitte erscheinen dann alle Ordner mit Fotos, die Sie angelegt haben. Markieren Sie den gewünschten Ordner mit einem Klick der linken Maustaste, in dem Beispiel den Ordner *Urlaub in Griechenland*. Natürlich können Sie auch mehrere Ordner oder die ganze Bibliothek auf einmal sichern.

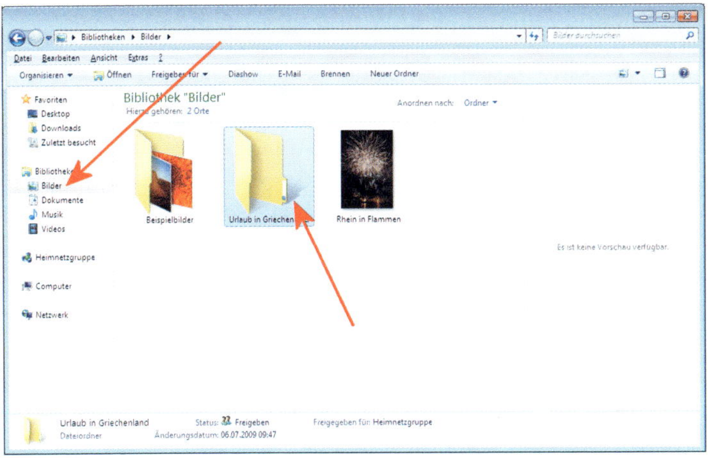

3 Klicken Sie nun auf den Eintrag *Brennen*.

4 Legen Sie nun eine beschreibbare DVD ein und wählen Sie die Option *Mit einem CD/DVD-Player*. Klicken Sie auf die Schaltfläche *Weiter*, und Ihre Fotos werden auf die DVD geschrieben. Wenn Sie möchten, können Sie der DVD auch einen Namen geben, diesen schreiben Sie in das Feld *Datenträgertitel*.

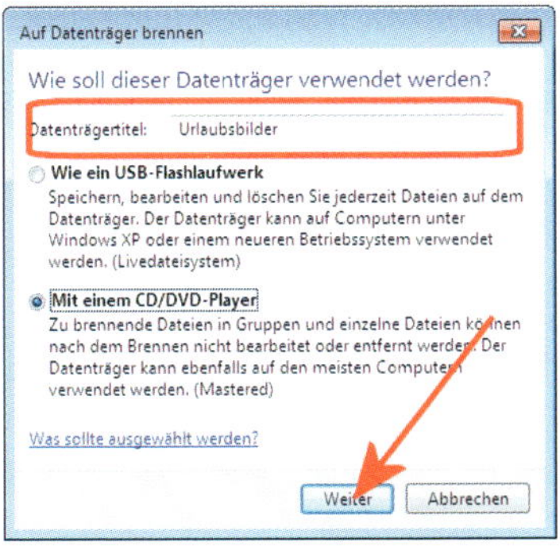

Die Backup-Funktion von Windows 7 richtig einsetzen

Unter einem Backup versteht man die Sicherung von Daten, um diese bei einem Verlust, beispielsweise durch Viren oder einen Systemabsturz, wiederherstellen zu können. Windows 7 verfügt über eine eigne Funktion zur Erstellung einer Sicherungskopie von wichtigen Daten.

CD, DVD, USB-Stick oder externe Festplatte zur Datensicherung benutzen?

Auf eine CD passen etwa 800 MByte an Daten, das ist mehr als genug für Texte und Tabellen. Wenn Sie aber viele Musikdateien oder Filme sichern oder ein Systemabbild erstellen möchten, reicht der Platz nicht aus. Auf einer DVD können Sie schon gut das Sechsfache an Daten unterbringen, 4,7 GByte. Haben Sie noch wesentlich größere Datensammlungen, sollten Sie über die Anschaffung einer externen Festplatte nachdenken. Diese gibt bis zu 1.000 GByte, also 1 TByte, für ca. 100 Euro. Besonders bequem ist die Nutzung eines handlichen USB-Sticks, den es in verschiedenen Speichergrößen bis zu 32 GByte gibt. Alle Medien werden von Windows 7 unterstützt.

1 Rufen Sie die *Systemsteuerung* über den Start-Knopf links unten in der Taskleiste auf.

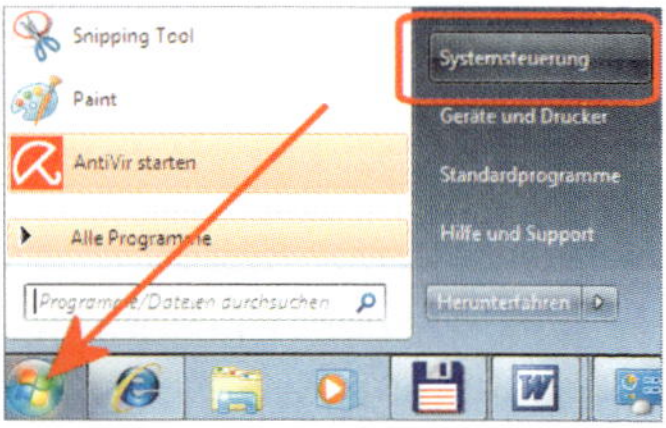

2 Wählen Sie dort den Eintrag *Sicherung des Computers* erstellen.

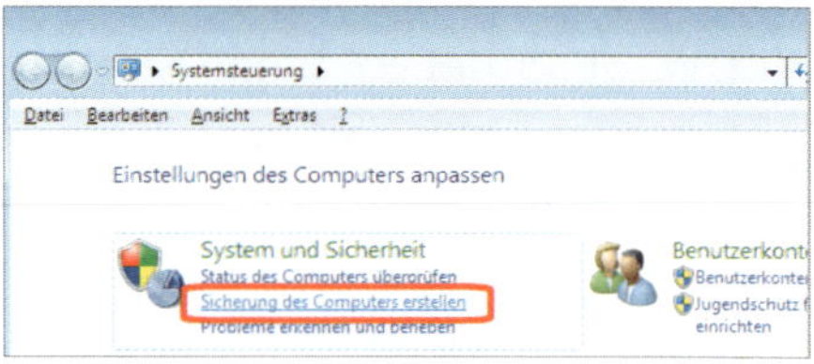

3 Sie gelangen in den Bereich *Sichern und Wiederherstellen*. Klicken Sie auf den Eintrag *Sicherung einrichten*.

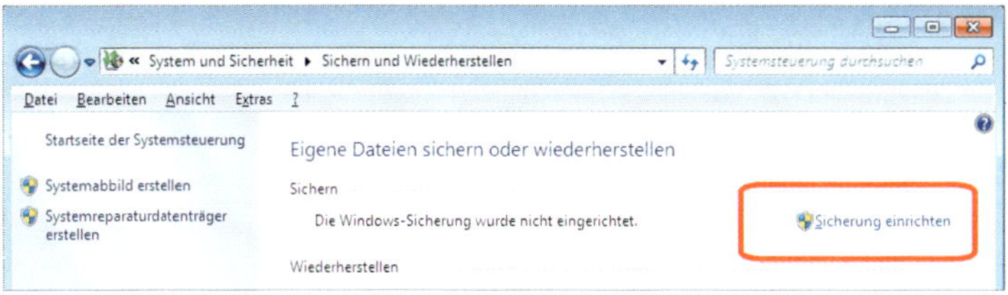

4 Es erscheint eine Übersicht aller zur Sicherung geeigneten Laufwerke. Verfügen Sie über eine externe Festplatte, schalten Sie diese ein, damit sie genutzt werden kann. Klicken Sie das gewünschte Laufwerk an und fahren Sie mit der Schaltfläche *Weiter* fort.

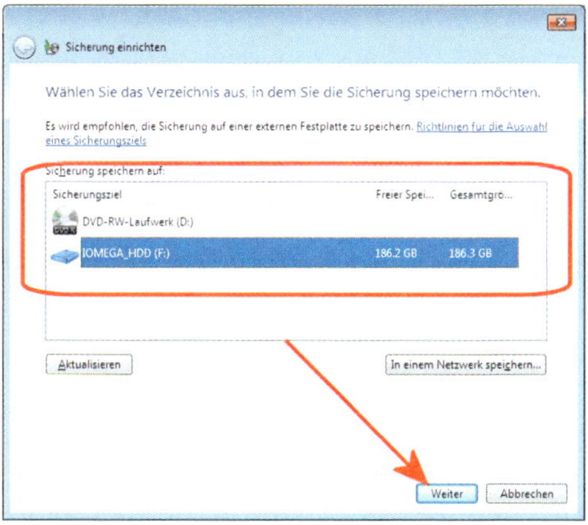

5 Sie können Windows die Auswahl der zu sichernden Dateien überlassen. Es werden alle *Bibliotheken* (siehe Kapitel 3) gesichert und somit

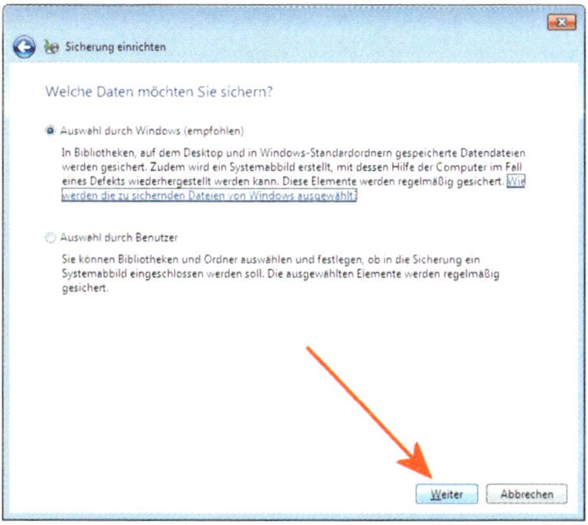

Ihre eigenen Dateien wie Texte, Bilder oder Musik. Über die Schaltfläche *Weiter* fahren Sie fort.

6 Starten Sie die Datensicherung über die Schaltfläche *Einstellungen speichern und Sicherung ausführen*.

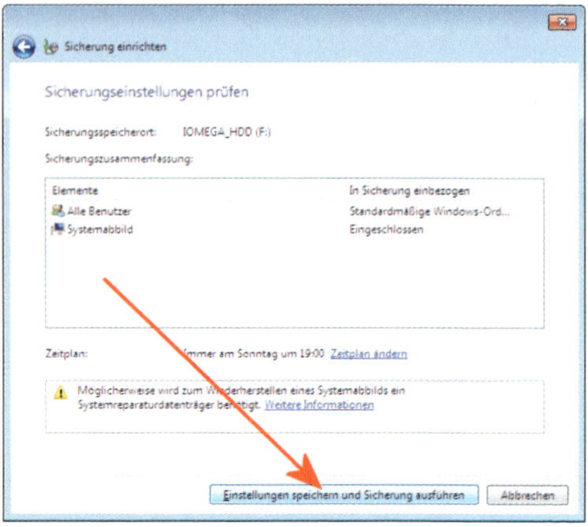

7 Ja nach Umfang der Dateien, kann der Vorgang bis zu einer Stunde dauern. Ein Zeitaufwand, der sich auf jeden Fall lohnt.

Daten verloren? – Daten einfach wiederherstellen!

Haben Sie versehentlich eine Datei gelöscht, ist das kein Grund zum Ärgern. Wenn Sie regelmäßig eine Datensicherung gemacht haben, können Sie schnell Fotos, Texte oder sonstige Dateien wiederherstellen. Und so geht's.

1 Rufen Sie den Bereich *Sichern und Wiederherstellen*, wie im letzten Workshop gezeigt, auf. Wenn Sie Ihre Sicherung auf einer externen Festplatte oder einem USB-Stick vorgenommen haben, schließen Sie diese jetzt unbedingt an. Ansonsten werden Ihre Datensicherungen nicht gefunden. Klicken Sie auf die Schaltfläche *Eigene Dateien wiederherstellen*.

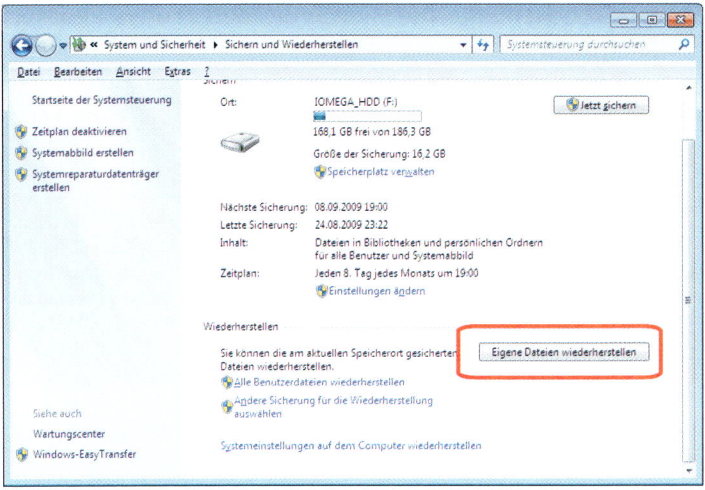

2 In diesem Beispiel haben Sie versehentlich den Ordner *Urlaub in Griechenland* mit Ihren ganzen Digitalfotos gelöscht. Klicken Sie auf die Schaltfläche *Suchen*.

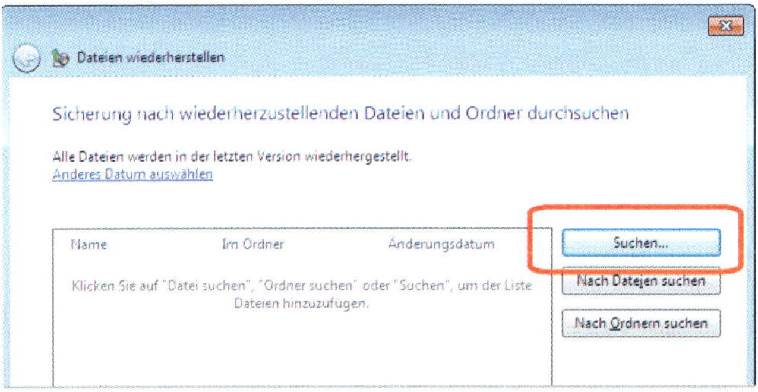

3 Geben Sie in die Eingabezeile am oberen Fensterrand einfach den Namen des gesuchten Ordners ein. Ein Teil der Bezeichnung reicht auch aus. Suchtreffer werden Ihnen angezeigt, darunter auch der gesuchte Ordner mit den Urlaubsbildern aus Griechenland. Markieren Sie den Treffer und klicken Sie auf *OK*.

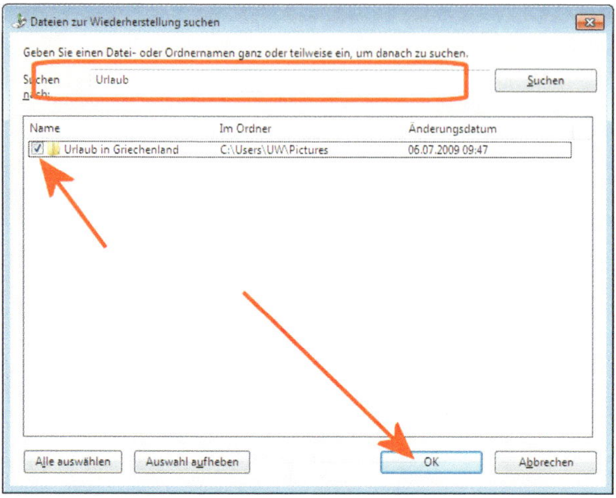

4 Bestätigen Sie die folgenden Fenster mit *Weiter* und *Wiederherstellen*.

Erstellung eines Systemabbildes

Windows 7 erlaubt es, in wenigen Schritten Ihr gesamtes System zu sichern. Dabei wird ein exaktes Abbild Ihres gesamten Computersystems erstellt und auf einen entsprechend großen Datenträger wie DVD oder externe Festplatte gespeichert. Das gibt Ihnen die Möglichkeit, nach einem Totalausfall Ihr System inklusive Programmen und eigenen Dateien wiederherzustellen. Und so erstellen Sie ein Systemabbild.

1 Rufen Sie, wie im vorherigen Workshop gezeigt, die Seite *für Sichern und Wiederherstellen* auf. Klicken Sie links auf den Eintrag *Systemabbild erstellen*.

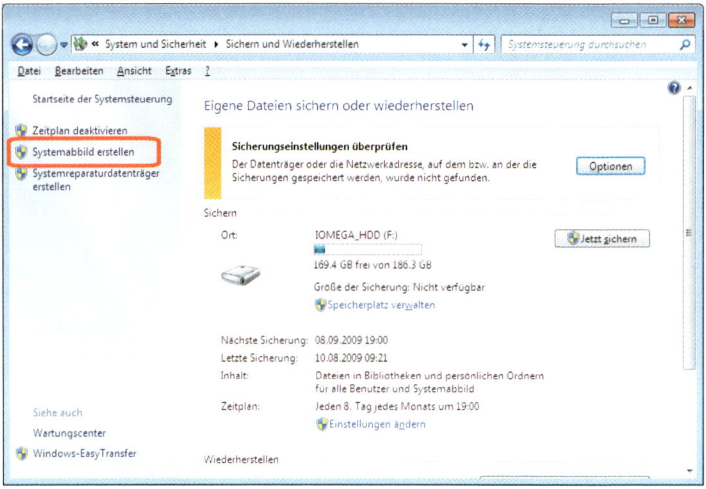

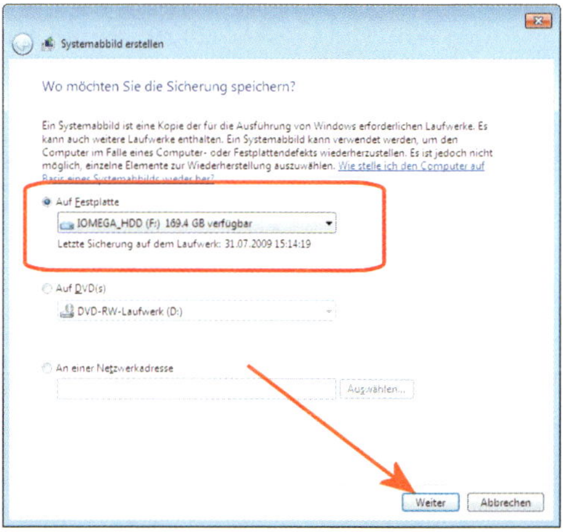

2 Ihr Computer wird nun nach einem geeigneten Datenträger für die Erstellung eines Systemabbildes durchsucht. Wenn Sie eine externe Festplatte besitzen, schalten Sie diese ein, damit Sie erkannt wird. Sie können natürlich auch beschreibbare DVDs benutzen, je nach Datenmenge brauchen Sie aber deutlich mehr als eine DVD. Eine externe Festplatte oder ein großer USB-Stick sind empfehlenswert. Klicken Sie auf die Schaltfläche *Weiter*.

3 Klicken Sie auf die Schaltfläche *Sicherung starten*. In diesem Fenster können Sie übrigens auch sehen, wie viel Speicherplatz das Systemabbild benötigt. In diesem Beispiel 17 GByte, da bräuchten Sie schon fünf DVDs.

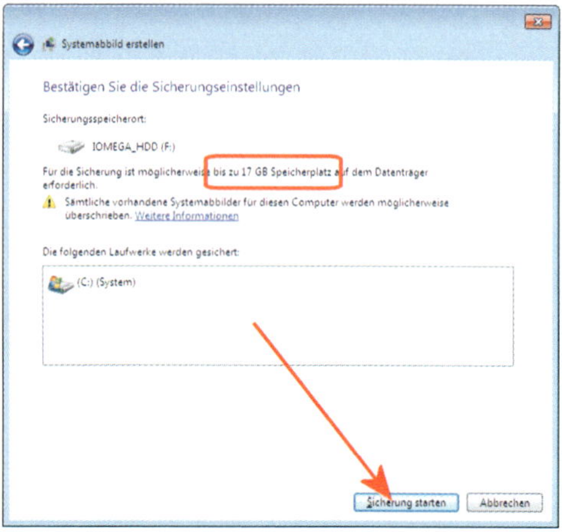

4 Je nach Datenmenge benötigt die Erstellung des Systemabbildes bis zu einer Stunde. Um das Systemabbild im Fall eines kompletten Absturzes benutzen zu können, folgen Sie noch unbedingt dem Workshop direkt im Anschluss.

Wichtig: Systemreparaturdatenträger erstellen

Nach dem Erstellen des Systemabbildes werden Sie gefragt, ob Sie einen Systemreparaturdatenträger erstellen wollen. Bei diesem eher sperrigen Begriff handelt es sich um ein sehr wichtiges Instrument für die Sicherheit Ihrer Daten. Es wird eine DVD erstellt, mit der Sie den Computer selbst bei einem Totalausfall von Windows neu starten und mithilfe des eben erstellten Systemabbildes wiederherstellen können.

1 Nach der Erstellung des Systemabbildes werden Sie gefragt, ob Sie einen Systemreparaturdatenträger erstellen möchten. Bestätigen Sie die Frage unbedingt mit der Schaltfläche *Ja*.

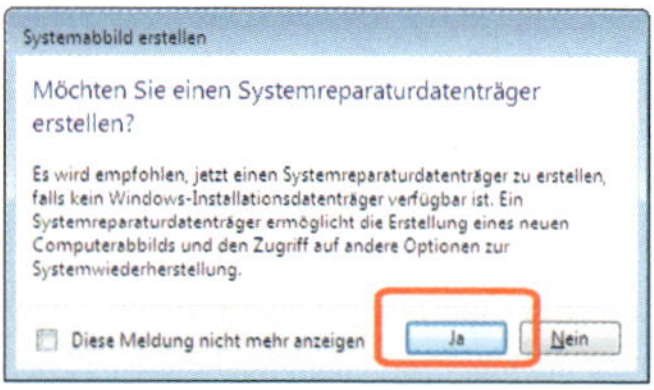

2 Legen Sie eine neue, unbenutzte beschreibbare CD oder DVD ein und klicken Sie auf *Datenträger erstellen*.

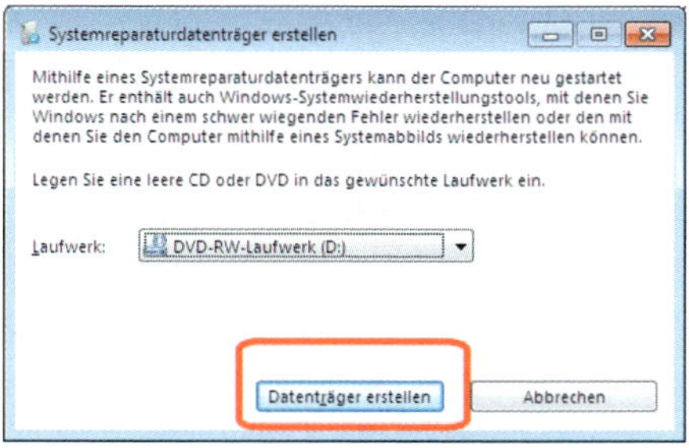

3 Der Vorgang dauert nur ein paar Minuten. Bitte beschriften Sie die CD oder DVD und verwahren Sie diese an einem sicheren Ort auf.

Wenn der Daten-Gau droht: die komplette Systemwiederherstellung durchführen

Nichts läuft mehr rund auf Ihrem PC: Dauernde Abstürze, ein böser Virus, den Sie einfach nicht losbekommen oder unerklärlicher Datenverlust verderben den Spaß am Computer. Wenn Sie wie eben empfohlen ein Systemabbild und einen Reparaturdatenträger erstellt haben, können Sie dieses nun verwenden, um Ihr System auf einen lauffähigen Stand zurückzusetzen.

1 Die *Wiederherstellungsfunktion* ist ein wenig versteckt. Rufen Sie die Systemsteuerung über den Start-Knopf auf. Klicken Sie in der oberen Leiste auf den Pfeil neben dem Eintrag *Systemsteuerung*. Wählen Sie aus den Einträgen *Alle Systemsteuerungselemente* aus.

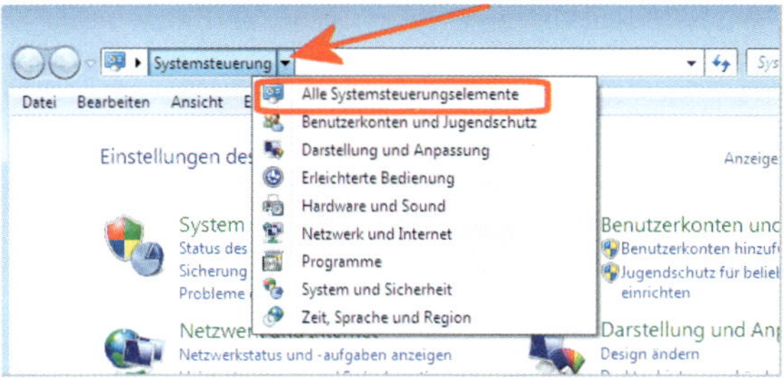

2 Die Liste ist alphabetisch sortiert. Den Punkt *Wiederherstellung* finden Sie entsprechend weit unten. Klicken Sie diesen an.

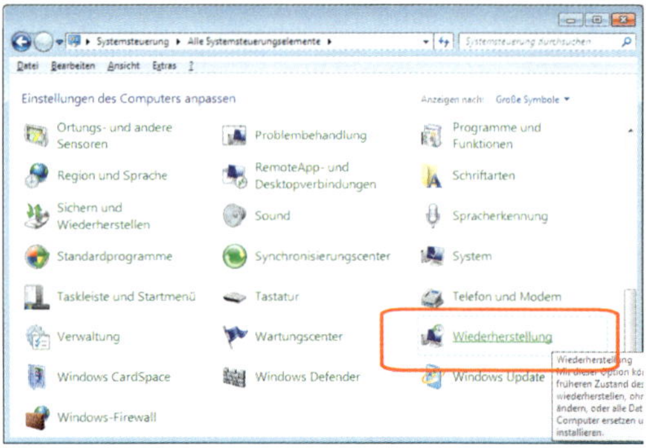

3 Wählen Sie *Erweiterte Wiederherstellungsoptionen*.

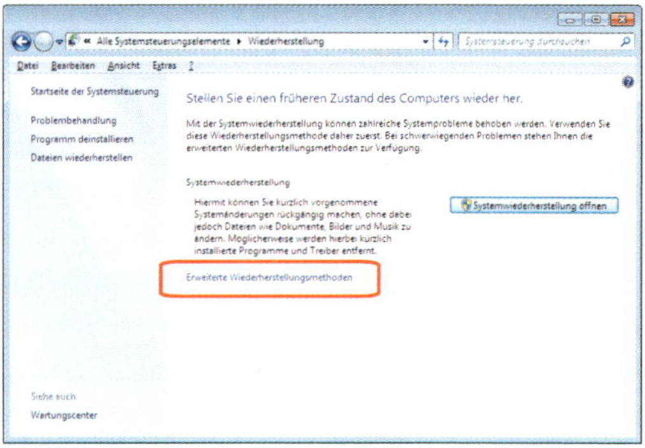

4 Klicken Sie auf die erste Option *Verwenden Sie ein zuvor erstelltes Systemabbild*.

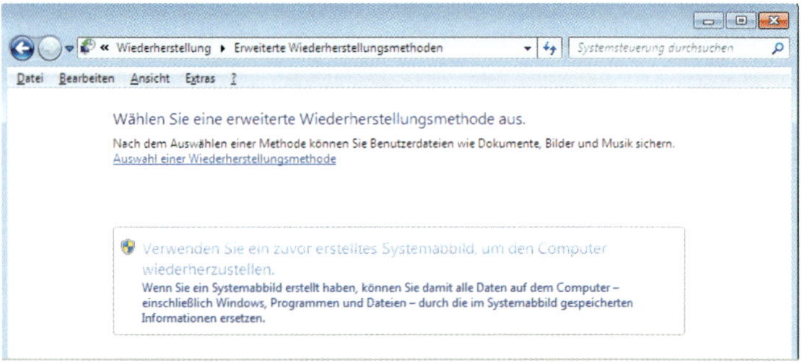

5 Sie werden nun gefragt, ob Sie eine Datensicherung vornehmen wollen. Denn nach der Wiederherstellung sind alle nicht gesicherten Daten nach der Erstellung des Systemabbildes für immer verloren. Nehmen Sie nun die Datensicherung vor oder überspringen Sie die Möglichkeit, wenn Sie über eine aktuelle Sicherung verfügen.

6 Nach einem Klick auf die Schaltfläche *Neustart* wird Ihr PC heruntergefahren und neu gestartet. Schließen Sie Ihre externe Festplatte an, wenn Sie diese zur Sicherung genutzt haben. Ansonsten halten Sie den entsprechenden Datenträger wie DVD oder USB-Stick bereit. Es erfolgt dann das Aufspielen Ihres Systemabbildes, und Ihr Computer kann wieder genutzt werden.

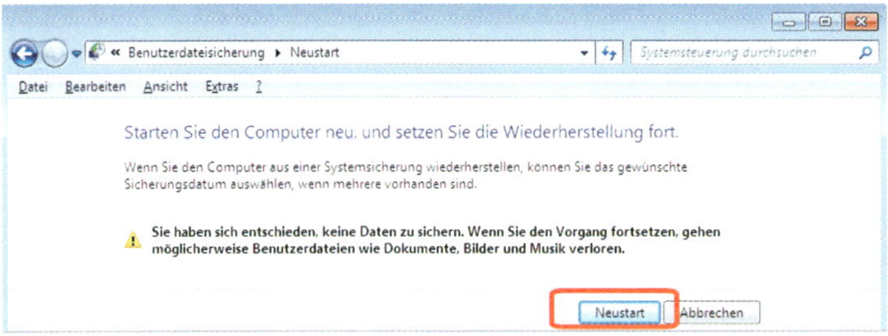

Wenn Windows nicht mehr startet

In diesem Fall legen Sie den Reparaturdatenträger ein, den Sie direkt nach dem Systemabbild erstellt haben, und starten den Computer neu. Sie können dann auf das vorhandene Systemabbild zugreifen.

Stichwortverzeichnis

@, E-Mail 86

A

Ansicht umschalten per Mausrad 54
AntiVir
- herunterladen 64
- installieren 64

Antivirenprogramm 64
Antivirenprogramm, Anforderungen 64

B

Backup
- Datensicherung erstellen 146
- Datenträger 146
- Daten wiederherstellen 148
- DVD 146
- externe Festplatte 146
- Systemabbild erstellen 150
- Systemreparatur 152
- Systemwiederherstellung vornehmen 153
- USB-Stick 146

Bibliotheken
- erstellen 47
- Windows-Explorer 46

Browser
- Auswahl 70
- Definition 70
- Firefox 70
- Internet Explorer 70

C

CD, Dateien brennen 144

D

Datei
- auswählen 51
- kopieren 50
- löschen 50
- markieren 51
- suchen 56
- umbenennen 49
- verschieben 50
- Vorschau im Windows-Explorer 54
- wiederherstellen 52

Datensicherung 144
- Backup 146
- Dateien auf DVD brennen 144
- Daten wiederherstellen 148
- DVD 146
- externe Festplatte 146
- Systemabbild erstellen 150
- Systemreparatur 152
- Systemwiederherstellung vornehmen 153
- USB-Stick 146

Dialogfenster 24
Diashow
- starten 58
- Windows-Explorer 58

Doppelklick 20
Drag & Drop 20

DSL
DSL-Zugangsdaten ... 62
Modem ... 59
Passwortsicherheit ... 62
Router ... 59
Splitter ... 59
Verbindung einrichten ... 59
Verbindungsprobleme ... 60
WLAN-Router ... 62
Zugang einrichten ... 60
DVD, Dateien brennen ... 144
DVI-Anschluss ... 9

E

E-Mail ... 82
Anhang ... 90
Aufbau ... 86
Begriffserklärung ... 86
Bilder versenden ... 90
Dateien anhängen ... 90
eigene E-Mail-Adresse ... 85
empfangen ... 88
Groß- und Kleinschreibung ... 88
Junk-Mail ... 92
Lesebestätigung ... 94
Postausgang ... 86
Posteingang ... 86
Postfach einrichten ... 84
schreiben ... 88
senden ... 88
Spam ... 92
Umlaute ... 86
weiterleiten ... 89
Windows Mail ... 82
Windows Mail installieren ... 82

F

Fotogalerie ... 116
Beschriftungen hinzufügen ... 121
Beschriftungen löschen ... 124
Bilder drucken ... 125
Bilder gruppieren ... 120
Bilder sortieren ... 121
Download & Installation ... 116
Druckoptionen einstellen ... 125

G

Grafikkarte ... 9

I

InPrivate ... 81
Internet
Antivirenprogramm installieren ... 64
drahtlose Verbindung ... 62
DSL-Modem ... 59
DSL-Zugangsdaten ... 62
Favoriten anlegen ... 73
Internetadresse ... 71
Microsoft-Update ... 68
Onlinebanking ... 78
Phishing ... 78
Privatsphäre ... 81
Provider ... 59
Router ... 59
Sicherheitstipps ... 80
Splitter ... 59
Verbindung einrichten ... 59
Verbindungsprobleme ... 60
WLAN ... 62
WLAN-Router ... 62
Zugang einrichten ... 60

Internet Explorer
Adressen suchen 72
DSL-Zugangsdaten 62
eine Register-Gruppe
speichern 78
Favoriten 73
Favoritenleiste 74
Funktionen 71
InPrivate 81
Internetseite aufrufen 71
Miniaturübersicht anzeigen 77
neues Register öffnen 74
Phishing 78
Privatsphäre 81
Register 74
Registerkartenübersicht 77
Schnellzugriff 74
SmartScreen-Filter 78
starten 70
Suchfunktion 72

M

Media Center 116, 135
Audio-CD abspielen 136
Radiosender hören 140
Video-DVD ansehen 139
Media Player
Hitlisten erstellen 106
Inhaltsbereich 97
MP3-CD erstellen &
brennen 109
MP3-Player
synchronisieren 112
Musik abspielen 98
Musik importieren 98
Übersicht 96
Video-DVD abspielen 102
Videoeinstellungen
anpassen 103
Wiedergabesteuerung 97
Microsoft-Update 68
Minianwendungen 36
Monitoranschluss 9
Movie Maker 116, 128
Abspanntext hinzufügen 132
Benutzeroberfläche 128
Bilder importieren 129
Download & Installation 116
Film automatisch
erstellen 129
Filmprojekt speichern 133
Musik importieren 130
Video erzeugen 133
Vorspanntext hinzufügen 132
MP3-Player
Musik löschen 115
Synchronisieren 112
Musik abspielen 135

O

Onlinebanking 78
Internetseiten überprüfen 79
Phishing 78
PIN 78
Sicherheitstipps 80
SmartScreen-Filter 78
TAN 78
Ordner
kopieren 50
löschen 50
schnell umbenennen 48
suchen 56
verschieben 50

P

Papierkorb, Datei wiederherstellen 52
PC aufbauen 7
PC-Komponenten 7
Phishing 78
Provider 59
PS/2 8

R

Register
  eine Register-Gruppe speichern 78
  Links in einem neuen Register anzeigen 76
  neues Register öffnen 74
  Registerkartenübersicht, Internet Explorer 77

S

Sicherheit, Microsoft-Update 68
SmartScreen-Filter 78
SmartScreen-Filter, Internetseiten überprüfen 79
Snap 43
Spam 92
Systemabbild erstellen 150
Systemreparatur 152
Systemreparatur, Datenträger erstellen 152
Systemwiederherstellung 153

T

Tab
  eine Tab-Gruppe speichern 78
  Links in einem neuen Tab anzeigen 76
  Miniaturübersicht 77
  neuen Tab öffnen 74
  Registerkartenübersicht, Internet Explorer 77
Taskleiste 20, 28
Taskleiste, Programm entfernen 35

U

Überspannungsschutz 10
URL, Internetadresse 71

V

Video abspielen 135
Virenscanner 64
Vorschau
  Anzeigeprobleme im Windows-Explorer 56
  stufenlose Vergrößerung 54
  Windows-Explorer 54

W

Wartungscenter, Microsoft-Update 68
Windows-Explorer
  Ansichten 53
  Ansichten mit der Maus umschalten 54
  Aufbau 45
  Bibliotheken 46
  Bibliothek erstellen 47
  Dateien auswählen 51
  Dateien markieren 51
  Dateien suchen 56
  Datei umbenennen 49
  Datei wiederherstellen 52
  Detailbereich 46

Diashow starten 58
Inhaltsbereich 46
Navigationsbereich 46
Ordner erstellen 48
Ordner kopieren 50
Ordner löschen 50
Ordner schnell umbenennen 48
Ordner suchen 56
Ordner umbenennen 48
Ordner verschieben 50
Papierkorb 52
Probleme mit der Vorschau 56
starten 45
Suchfeld 46
Suchfunktion 56
Symbolleiste 46
Vorschau 46, 54
Vorschaufenster 54

Windows Flip 44

Windows Mail
Dateien anhängen 90
E-Mail-Adresse eingeben 85
E-Mail empfangen 88
E-Mail schreiben 88
E-Mail senden 88
E-Mail weiterleiten 89
herunterladen 82
installieren 82
Junk-Mail 92
Lesebestätigung 94
Porgramm starten 85
Postausgang 86
Posteingang 86
Postfach einrichten 84
Schnellzugriff einrichten 84

Windows Snap 43
WLAN 62
WLAN, Netzwerksicherheit 63

Z

Ziehen und fallenlassen 20